世界名畫家全集　何政廣主編

# 馬爾克 Franz Marc

何政廣◉主編、吳礽喻◉編譯

藝術家出版社

世界名畫家全集

藍騎士代表畫家

# 馬爾克

Franz Marc

何政廣●主編
吳祀喻●編譯

藝術家出版社

# 目 錄

4

# 前 言

　　弗朗茲‧馬爾克（Franz Marc, 1880-1916）是德國「藍騎士」藝術團體的代表畫家。1880年他生於慕尼黑，父親威廉漢‧馬爾克就是一位畫家。馬爾克原來打算讀神學，而後改變主意，選擇繪畫。於1900年秋天進入慕尼黑藝術學院就讀，他的早期作品並不起眼，主要特色是他的老師嘉布里耶‧哈科爾和威廉‧迪茨所偏愛的現代主義的保守典型。1903年，他踏上巴黎之行，也開始質疑繪畫的傳統取向。就在此時，形成他作品之重點主題出現了。

　　馬爾克對於動物的描繪，特別感興趣，因為他在牠們身上看到自然無邪和純潔的化身。他對動物的觀點是顯而易見的，1909年畫成的〈黃昏的鹿〉便是一例，棕色調有他早期作品的影子，但明顯的痕跡卻是印象派的影響。作於1911年的〈雪中的鹿〉，用的是同一主題，但風格卻相當不同：冬景裡深藍和綠色的輪廓線是青年風格的迴響。他以一種與構圖含義及心理效果相呼應的方式使用純粹亮麗的顏色。馬爾克的畫逐漸地成為他探尋自然和生命融合為一體之原則的鑿鑿見證。他的思想結合了一種對於現代文明的評論性看法，以及意圖恢復精神與物質之間失去的和諧的一種浪漫的渴望。

　　1911年馬爾克與康丁斯基在慕尼黑一起組成「藍騎士」藝術家團體，共同編輯《藍騎士年鑑》。這本刊物呈現每位藝術家作品自己的表達元素，及各自不同的內在聲音。1911至1914年之間，馬爾克幾乎完全專注於對動物的描繪，他認為動物象徵著一種獨特的純真，這點正好呼應著他對精神性純粹的宗教性追求。

　　他的藝術手法深受未來主義的律動性構圖技巧，以及羅伯特‧德洛涅的「奧菲立體主義」的影響。1914年他開始實驗抽象畫，這一年爆發第一次世界大戰，馬爾克志願投效軍旅，在1916年3月4日戰死沙場，年僅36歲。

　　〈藍色的馬〉是馬爾克最著名的作品之一，具有獨特的象徵力。畫中小馬四肢仍瘦長而笨拙，頭偏向一邊站立著，如同陷入沉思中。在馬爾克的心中，這匹馬的獨特表達性，並不只是來自其「精神性」色彩，還來自其造形。哀愁而低垂的頭傳達出了一隻馬有人類思想與情感的有知覺動物之形象。〈藍色的馬〉所喚出的精神性存在感的最複雜與最具表達力的層面，出現在作品〈藍色馬之塔〉中，在這幅畫上四隻馬破碎的軀體形成了一座精神之塔。不幸的是，馬爾克這幅最著名的畫作在第二次世界大戰中遺失了。

　　我對馬爾克繪畫的深刻印象，是在古根漢美術館看到他的〈黃色的母牛〉。這幅畫最早是在1911年12月首屆藍騎士展覽中展出時，遭到來自慕尼黑新藝術家協會同僚們的否定與不瞭解之反應。有趣的是，他這幅畫一隻躍起母牛的古怪形象，卻受到少數前衛的表現主義藝術家，尤其是詩人的熱切歡迎。例如，希爾朵‧都伯勒說到「在母牛靈魂中流溢著陽光。」而華特‧莫林則讚美為「咆哮的黃色母牛」。康丁斯基在《藝術的精神性》書中，對黃色的陳述，就是對這幅畫的最適切的評註：「黃色、橘色與紅色，構成愉悅的意念；黃色乃典型的世俗顏色，對我們的影響如同喇叭聲被演奏的愈來愈大聲；它是怪異的……躍過其邊界，並且將力量分散於他的周遭環境中。」馬爾克在1911年2月22日寫給未婚妻的信中說：「自然是無法則的，因為它是無限的，是一種無限的共同存在與結果。我們的精神賦予了自己嚴謹固定的法則，以便描述自然的無限。」在這幅有著躍起的母牛的不合理畫面中，馬爾克再度打破了傳統動物畫的俗例。

何政廣

2011年6月於藝術家雜誌社

# 藍騎士代表畫家——馬爾克的生涯與藝術

以動物畫聞名的畫家弗朗茲·馬爾克（Franz Marc），是德國一次大戰前「表現主義」的重要人物。他在青少年時代便開始創作，作品不限於動物主題，無論是景觀畫作，或是新的藝術潮流——「印象派」、「後印象派」、「新藝術」風格皆有所嘗試。

在1907至08年間，他發現「動物畫」是最適合表達自己理想的藝術，所以逐漸朝這個方向發展。他花了十年的時間，才從慕尼黑學院畫派，蛻變成為他個人獨創的畫風、找到自己的表現方式及造形語言。

1909至1911年，是他人生的另一個轉捩點，他認識了志同道合的藝術家奧古斯特·麥克（August Macke）以及康丁斯基（Wassily Kandinsky）。他圓融的處事態度，以及自然的領導者風範，讓他在前衛藝術圈中找到盟友，並在其中扮演了重要角色。

馬爾克與康丁斯基在1911年共組「藍騎士」畫派。在這期間馬爾克不只創作了他最具代表性的作品，也為《藍騎士年鑑》的編寫以及畫展注入心力，成為德國藝壇中具影響力的一股潮流。

這些與政治文化相關的藝文活動,以及他批判繪畫的文章,為我們勾勒出了這位畫家的輪廓。

馬爾克　**紅色的狗**
1911　油彩畫布
50×70cm　私人收藏

　　1912至14年間,是馬爾克畫風的成熟期,對於「立體派」及「未來主義」的研究,也讓他的動物畫有了更有趣的抽象變化。同時,他受早期德國傳統藝術的影響,便將「精神性」的藝術(唯心主義)轉化為自己創作的目標。

　　但令人惋惜的是,馬爾克創作生涯的黃金期間在短短五年間便結束了。第一次世界大戰發生時,他自願棄筆從戎,兩年的軍旅生活讓他對戰爭的看法完全改觀。了解戰爭的醜惡之後,還來不及全身而退,1916年他被炸彈碎片擊中,傷重不治死於法國凡爾登,年僅三十六歲。

馬爾克　**藍黑色的狐狸**
1911　油彩畫布
50×63.5cm
德國烏伯塔海德博物館
收藏（Von Der Heydt-
Museum, Wuppertal）

〈藍黑色的狐狸〉及〈紅
色的狗〉是同時間在
麥克的波昂工作室所畫
的，當時馬爾克與瑪利
亞剛從倫敦回到德國。
這兩幅畫最討人喜愛的
原因是造形的簡化及調
和的色彩設置。

　　逢弗朗茲‧馬爾克，一百三十歲誕辰，以及「藍騎士」
創立百年，美國紐約古根漢美術館2011年初與舉辦「The Great
Upheaval」特展，主要探討第一次世界大戰之前的歐洲藝術流
派，對於馬爾克的作品多有著墨；而在德國境內，關於馬爾
克、「藍騎士」及「表現主義」藝術的展覽，早已在2010年便進
行了串聯，陸續在大大小小的美術館展出，並以不同的角度推陳
出新，慶祝德國現代藝術發展的起源。

　　馬爾克在藝術上的成就，來自於他勇於面對批評、為堅信的
理念辯護。他為藝術創作遇到的難題找到了獨特而有趣的解答，
因此讓他在二十世紀的藝術史中佔有重要地位。

# 1880～1907：青年時期的馬爾克

　　馬爾克從年輕時就開始作畫，和許多同儕畫家不同的是，他的習畫歷程可謂十分平順，並沒有受到家人的阻攔。因為他的父親，威爾漢（Wilhelm Marc）年輕時也想成為一位藝術家，可是在家人的期待下讀了法律，所以那場傳統家庭風暴的仗，他的父親已經打過了。他的父親獲得法律學位後才能一圓自己的夢想，成為一位風景畫家，最後在慕尼黑學院任教。

　　馬爾克於1880年出生，在家中排名第二，哥哥保羅比他大三歲。他的父母親在1877年結婚，爸爸是天主教徒，媽媽蘇菲・慕芮斯（Sophie Maurice）是虔誠的清教徒，奉行喀爾文教義克勤克儉、自律而簡樸的生活。因為母親是法國人的關係，所以兄弟倆從小就會法文及德文，並且習慣了清教徒的生活方式。因此他們雖然生活在以天主教為主的巴伐利亞區域，不過爾後父親也自然而然地改信了喀爾文教派。

　　馬爾克從小在虔誠的環境中長大，他對於堅信禮印象深刻，特別是為他執行典禮的牧師施利爾（Otto Schlier）後來雖然搬離了慕尼黑，但馬爾克多年來仍主動與他保持聯絡，視他為精神導師。

　　除了對神學有興趣之外，馬爾克年輕時對於藝術及文學也懷有抱負，職涯的選擇曾十分令他苦惱。十七歲時，他宣誓希望成為神職人員，但在一

威廉漢・馬爾克
**我的兒子保羅及弗朗茲**
1884
慕尼黑連巴赫市立畫廊藏（Städtische Galerie im Lenbachhaus）

威廉漢·馬爾克 **刻木版畫的兒子** 約1895
油彩畫布 弗朗茲·馬爾克美術館藏

右圖：
威廉漢·馬爾克 **刻木版畫的兒子**（局部）

馬爾克 **母親肖像剪影** 約1898
鋼筆墨水 5×3cm
Waldeckischer Geschichtsverein e.V., Bad Arolsen

馬爾克 **父親作畫剪影** 約1897 鋼筆墨水 3×2cm
Waldeckischer Geschichtsverein e.V., Bad Arolsen

年後他改變了決定，因為哥哥進入慕尼黑大學就讀考古學，所以他也希望進入同一所學校就讀哲學，然後成為一名中學的老師。

　　這個時期所留下的一封信中，他寫道：「因為父親的關係，我的生長過程中充滿了藝術的理想以及對文學強烈的喜好，最後一次又一次地沉浸於不可抗拒，但又相抗衡的文學，像是哥德、卡萊爾、清教教義、叔本華和尼采的作品，都在我內心激起了奇特的世界性及悲觀看法，混合著幼稚與傲慢的不敬，那些想法及希望在很早的時候就驅使我有了異常豐沛的寫作量。」

　　在馬爾克小時候，他的父親並沒有在創作上投入太多的時間。反而像是位學者般大量地閱讀，對於哲學這塊領域特別有興趣。而這也反映在馬爾克身上，激發了他在藝術創作上及哲學方面的興趣。

　　但1899年正式註冊慕尼黑大學哲學系前，他寫信給學校暫緩

馬爾克　**在雪景中牽著雪橇的男孩**　約1902
油彩畫布　27.5×40.8cm
慕尼黑連巴赫市立畫廊藏

馬爾克
**有羊群的斯達夫倫 II**
1902　油彩畫布
27.5×44cm
慕尼黑連巴赫市立畫廊藏
（右頁上圖）

馬爾克　**牧羊童**
1902　油彩畫布
31.3×41cm
慕尼黑連巴赫市立畫廊藏
（右頁下圖）

馬爾克 **羊群** 1905
炭筆水彩 26.5×36cm
弗朗茲‧馬爾克美術館藏

入學計畫,決定在軍中服役一年。也就是在這一年的兵役期間,他終於清楚自己必須成為一名畫家。

在軍營裡,馬爾克學會了騎馬。他對於馬的喜好日漸增加,在日後的多幅畫作中,各形各色、不同姿態的馬匹不只為他找到了表達的出口,也成為他個人重要的標幟。

在軍中,他所寫給牧師施利爾的一封信,解釋了他做的決定:「確切地說,我一生都是個藝術家,但是在教育、環境以及自己的意向的影響下,我成了半個神職人員,半個哲學家。如果我在成為藝術家之前,沒有先追求這兩項理想的話,或許我的內心永遠都無法獲得平靜。但現在,我已經確定了,我找到了最符合我的天性的事。」馬爾克認為,不管其他人是否覺得這個抉擇有多奇怪,他覺得,做出正確的選擇才是最重要的。

# 進入慕尼黑藝術學院就讀

在1900年起至1903年，馬爾克進入慕尼黑藝術學院就讀。此時父親仍是馬爾克效仿的楷模。從馬爾克早期的作品可以看得出來，無論是在取材、畫風、用色上，都和父親的作品相似。雖然只有少數幾幅馬爾克在1902年前的作品被保留下來，但其中兩幅以父母親為題材的肖像畫，也顯現出馬爾克在形式、技巧及構圖上的掌控度。

如果他選了史都克（Franz von Stuck）的課程，或許有機會早幾年認識康丁斯基以及保羅·克利，但是他卻選了哈科爾（Gabriel Hackl）以及威廉·迪茨（Wilhelm von Dietz）的課程，兩者皆為十九世紀慕尼黑傳統畫派的擁護者。

馬爾克在學校獲得紮實的基礎訓練，但是對現代藝術潮流卻沒有任何接觸。幾幅從這個時期遺留下的畫作，顯現他沿襲了慕尼黑畫派的傳統。例如1902年所作的〈在達豪沼澤的農舍〉便是一個清楚的範例。細緻的筆觸描繪著自然的景觀，像是樹上的葉

圖見21頁

馬爾克　**母親肖像**　1902　油彩畫布　99.1×70.3cm　慕尼黑連巴赫市立畫廊藏
馬爾克將早期於藝術學院中所學的技巧全部發揮在這幅作品上，不只效法了傳統慕尼黑畫派，也參考了
父親的作品及母親的相片，描繪出母親閱讀的樣子。

馬爾克 **父親肖像** 1902 油彩紙板 73×50.8cm 慕尼黑連巴赫市立畫廊藏

子便隨著光影顯露出細微的變化。畫作色調柔和，以褐色及沼澤的綠為主調，並沒有突出的反差顏色或違背自然的造形構圖。

　　馬爾克此時期的風景繪畫，都是偏陰鬱的色調，使用厚重的顏料層層堆疊，並略微傾向特寫式的描繪方法。或許這是他嘗試藉由繪畫加重平凡景觀中的「情感成分」的緣故，而顯示情感表達對馬爾克的創作而言，一直佔有重要的角色。

馬爾克 **阿爾卑斯山牧人於小木屋中** 1902
油彩畫布 39×26.5cm
慕尼黑連巴赫市立畫廊藏

威廉漢·馬爾克 **愛吃甜**
1802 慕尼黑連巴赫市立畫廊（左上圖）

馬爾克
**斯達夫倫的景觀** 1903
弗朗茲·馬爾克美術館藏

馬爾克　**在達郝沼澤的農舍**　1902　油彩畫布　43.5×73.6cm　弗朗茲・馬爾克美術館藏

馬爾克　**蒙馬特咖啡館Ⅰ**　1903　鋼筆墨水　15×25.4cm　弗朗茲・馬爾克美術館藏

馬爾克　**巴黎公園**　1903　鋼筆墨水　5×3cm　弗朗茲・馬爾克美術館藏

馬爾克　**船中的男孩**
1903　油彩紙板
27.1×39.6cm　布萊梅
美術館藏（Kunsthalle
Bremen）

這幅畫是在法國旅行時
所作的寫生，由畫刀及
大筆觸拼湊的人形可觀
察出印象派對馬爾克暫
時的影響。

1902年十月，一名家境富有的同學費德利克・路荷（Friedrich Lauer）邀請馬爾克一同前往巴黎、布列塔尼、諾曼第。因此馬爾克決定暫緩第三學年的註冊手續，而這個決定也促使他從此與學院派畫風分道揚鑣。

在巴黎的時候，馬爾克首次見到哥德主義、庫爾貝（Courbet）以及印象派的畫作。然而這些新的繪畫思潮並沒有在他的作品中直接地反映出來，這也印證了馬爾克自己的座右銘「在藝術的領域中，只有當你已經準備好的時候，才能夠了解它」。

## 從事古董藝術交易，接觸東方藝術

馬爾克回到慕尼黑後，決定再也不回到學院裡，他要

馬爾克　**安妮特於寫字桌前**　1904　鋼筆墨水　20×29.2cm　紐倫堡日耳曼民族博物館藏（Germanisches Nationalmuseum, Nuremberg）

　　自立門戶作畫。1904年初，他搬出父母親的家，在施瓦賓地區（Schwabing，現為藝術區）租了一間公寓。在這段期間裡，最令他感興趣的是慕尼黑《青年雜誌》的新聞，以及當地較前衛的藝術團體的動態。

　　另一個影響馬爾克很深的人，便是一位已婚、且育有二子的畫家安妮特（Annette von Eckardt）。安妮特長他九歲，是慕尼黑大學教授的妻子。她在骨董交易圈內小有名氣，並且會自己製作手工藝品、紡織及臨摹中古世紀的書籍插畫。因為單純以賣畫維生並不容易，所以在她的引介下，馬爾克也開始了經營古書、古物的交易，並且接受了一些小型肖像畫委託案，或是插畫設計的工作。

馬爾克　**穿著布列塔尼服飾的自畫像**　約1904　油彩麻布　100.5×62.5cm　德國達姆斯塔特蘭得斯美術館藏（Hessisches Landesmuseum Darmstadt）

馬爾克和藝術學院的同學費德利克・路荷在1903年同遊法國，受邀參加一場婚禮。馬爾克在1903年八月十八日寫給家人的信中提到：「婚禮場地裝飾著各式彩帶，以及用花朵和松樹枝匝成的花圈。」為了保留如此美好的回憶，他將婚禮穿著的布列塔尼服飾寄回了德國。（左頁圖）

在過去研究馬爾克的文獻中，1904至08年這段接觸古董交易的時期時常被忽略。但他因此接觸大量的異國文化及藝術（包括日本版畫）之下，的確使他受益不少，造成的影響也極為深刻。

馬爾克和安妮特交往的期間，閱讀了歐洲以外的文學，他們一起研究印度《吠陀》經、中國的情詩及阿拉伯的韻文。兩人研究的結晶顯示在一本手繪的集錦《佩雷格里納星星》，裡頭摘錄的詩文是安妮特所寫，插圖則是馬爾克由文章發想所作，再由安妮特上色。

馬爾克的畫風有時趨近於「新藝術」風格，有時則類似古埃及浮雕，很難和其他時期的畫風做聯想，但可以解釋為一種風格的拆解及跳脫，為後續的繪畫實驗開啟了序章。《佩雷格里納星星》各章節分別為「古埃及公元前4000年」、「巴比倫人及亞述人文學」、「猶太」、「印度」及「中國公元前1200至140年」，

馬爾克與安妮特所編的詩集《佩雷格里納星星》（Stella Peregrina）封面，約1904至06間所繪。（右上圖）

馬爾克
**一顆星星落下**
1904-06
《佩雷格里納星星》
內頁（右下圖）

馬爾克　**小孩坐像**
1904　粉彩筆
27.5×24cm
德國哈勒美術館藏
（左上圖）

馬爾克
**穿白領洋裝的女孩**
1905
炭筆粉彩筆
60.6×33.7cm
德國魯爾河畔米爾
海姆美術館藏

馬爾克、安妮特
**珍藏輯Ⅱ** 1905
水彩石版畫
慕尼黑連巴赫市立畫廊藏

在馬爾克死後由安妮特正式出版。

　　這段關係另一個意外的收穫乃是在1904年初夏，倆人一同到奧地利提洛爾（Tyrol）的拉迪斯（Ladis）村莊之後，返回阿爾卑斯山裡的斯達夫倫小村，認識了瑞士動物畫家瓊布洛‧尼索（Jean-Bloé Niestlé）。尼索是第一位馬爾克終生保持友好關係的藝術家。然而在他的鼓勵之下，馬爾克開始以喜愛的動物為主題來創作。

　　他們兩人的友誼對馬爾克的作品造成了深遠的影響。這些動物畫作並不講究科學上的正確性，而是試圖與動物建立起同理心，在畫布上捕捉動物的靈性。這種不將動物過度擬人化，但是卻能表現情緒的手法讓馬爾克十分著迷。在兩人認識不久後，一封馬爾克寫給友人信中描述道：「除了無數的動物習作之外，尼索現在也開始了一幅大型的素描：兩尺寬的畫布上，他正在

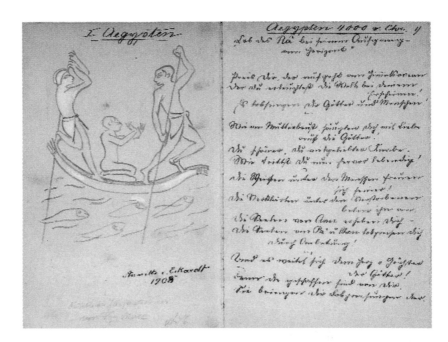

畫一百隻的椋鳥。
你彷彿可以聽到繁
複的鳥鳴及振翅聲
一樣，而且每一隻
都是獨一無二的！
每隻動物都有牠們
獨特的表情。」。
馬爾克在這之前已
經畫了不少幅動物
畫，但是認識尼索
之後，更讓他決定更進一步地發展動物畫，做為一種主要的藝術
表現手法。

安妮特與馬爾克的戀情維持了兩年，他們在1905年末分手，
馬爾克藉由創作〈死去的麻雀〉表達了一些自己的感觸：這件小
型作品中，在淺色地面與深色背景的襯托下，可見一隻小麻雀肚
子朝上，僵硬地躺在地上；背景的顏色與鳥的羽翼色調一致，快
速的筆觸把那種無法飛翔、沉重凝滯的感覺充分地表現出來。

圖見32頁

馬爾克 **景觀** 1904 蠟筆 13.4×20.3cm 德國斯圖加特國家畫廊藏，Etta and Otto Stangl 捐贈

馬爾克
**兩隻牛**
1906
紅黑白炭筆
21.7×27.3cm
私人收藏

馬爾克　**山坡上的馬群**　1906　紅黑白炭筆　12.5×19.2cm　弗朗茲‧馬爾克美術館藏

馬爾克　**推車上的猴子**　1906　鉛筆　12.5×19.3cm　紐倫堡日耳曼民族博物館藏

# 探索新的繪畫風格

在經歷法國繪畫的衝擊後，馬爾克拋棄了一切學院畫派的風格。他的調色盤上現在有了更鮮豔、強烈的色調。印象派的影響可以從他畫作的色彩，以及他所選擇的主題觀察出來。

像是1904年的作品〈印德斯多夫〉便是嘗試了印象派的風格。他將建築以粗獷而快速的筆觸描繪出來，欄杆上的衣物看起來像是恣意畫上的色塊，水面上的倒影捕捉了白色的建築、藍色的天空、紅色的衣物等浮動的光影，沒有清晰的輪廓。

完成了這幅實驗印象派風格的畫作之後，馬爾克便花了好長一段時間探尋新的繪畫表現手法。當時比較前衛的藝術團體主

馬爾克　**死去的麻雀**
1905　油彩木板
13×16.5cm
德國哈勒美術館藏
（Kunstmuseum des
Landes Sachsen-Anhalt,
Halle），Erhard Kracht
捐贈

馬爾克　**斯達夫倫的籬笆 II**　1905　粉彩筆　26.7×37cm　弗朗茲・馬爾克美術館藏

馬爾克　**斯達夫倫的籬笆 I**　1905　粉彩筆　26.7×37cm　慕尼黑國立圖書館藏

張戶外寫生，他的素描簿上也不乏多幅寫生作品，精細的風格和
《青年雜誌》的風格相類似。

馬爾克希望藉由刊登《青年雜誌》的封面來賺取稿費，因
此投稿了兩次。其中一幅為1906年為瑪利亞・法蘭克（Maria
Frank）所繪的肖像。瑪利亞是柏林來的美術系學生。1905年，他
們在新年舞會上初次見面，但到了年底聖誕舞會再次巧遇時才擦
出火花。在那之後他們兩次相約到科河恩西（Kochel am See）寫
生，並留下了多幅素描及畫作。對於馬爾克而言，瑪利亞的陪伴
讓他走出了低潮期。

圖見38、39頁

另一次的寫生之旅是在1906年春天，馬爾克隨著他的哥哥一
同到希臘的聖山阿索斯（Mount Athos）去旅行。在三個禮拜的旅
程中他們拜訪了許多修道院，並畫了一些素描。藉由這趟長途旅
行，馬爾克終於能從情傷中復原，並且開始為後續的生活及創作
做計畫。

四月底他經由義大利回到慕尼黑，但又隨即返回科河恩西，
在那居住到十月底。這個期間他創作的量逐漸增多，有時也會在
周遭的田園間創作馬匹的習作，希望能在畫布上捕捉馬匹的動
態。

但馬爾克的感情生活很快地又陷入了複雜的三角關係。不
久後瑪利亞前往科河恩西拜訪他，但在六月馬爾克也邀請了妙
麗（Marie Schnür），並和她產生了曖昧的情愫。

妙麗的年齡比瑪利亞年長十一歲，她在慕尼黑女性藝術家學
會教畫，並且和《青年雜誌》的圈子互動熱絡，有充足的社會歷
練。而她們倆人原是好友及師徒關係。在馬爾克所繪的〈山坡上
的兩名女子〉寫生的習作中，也可見妙麗與瑪利亞的親密互動。
馬爾克利用了明亮的色調，以簡約狂放的筆觸，捕捉了即刻的狀
態。瑪利亞在這幅素描中，躺在草地上，蒙著臉，而坐在前景的
則是妙麗，由此可以感受到兩個女人之間的友情，以及認識許久
了的親切感，但也可以察覺到些微的較勁意味。

圖見40頁

妙麗當時帶了一個孩子，因為在當時的社會中，沒有結婚的
女人是無法擁有孩子監護權的，她也正為爭取孩子監護權的問題

馬爾克　**印德斯多夫**
1904　油彩畫布
40×31.5cm
慕尼黑連巴赫市立畫廊
藏（右頁圖）

馬爾克　**馬匹小型習作Ⅰ**　1905　油彩畫布　27.5×31.5cm
弗朗茲・馬爾克美術館藏（Franz Marc Museum, Kochel am See）

馬爾克　**聖山阿索斯**　1906　水彩炭筆　13.5×43.5cm　慕尼黑國立圖書館藏

馬爾克　**馬匹小型習作II**　1905　油彩紙板　27×31cm　弗朗茲・馬爾克美術館藏

馬爾克　**樹間濃霧**　1905　油彩畫紙　14.8×24.3cm
德國卡斯魯赫國立美術館藏（Staatliche Kunsthalle Karlsruhe）

馬爾克 **馬匹習作Ⅱ** 1906 油彩畫布 25×39cm
弗朗茲·馬爾克美術館藏

1906年夏天，馬爾克創作了多幅描繪馬匹的油畫習
作。這些作品中的馬常藏在樹林的陰影之間，缺少晚期
作品描繪馬匹時獨立的造形與自信。

馬爾克 **騎在驢上的哥哥** 1906 炭筆水彩鉛筆
21.5×13.5cm 弗朗茲·馬爾克美術館藏（左下圖）

馬爾克
**瑪利亞**
1906
油彩畫布
弗朗茲·
馬爾克美
術館藏

馬爾克　**瑪利亞持調色盤肖像**　1906　油彩畫布　56.5×41cm　慕尼黑連巴赫市立畫廊藏

馬爾克　**山坡上的兩名女子**　1906　油彩畫布　15.5×24.7cm　弗朗茲‧馬爾克美術館藏

馬爾克1906年夏天，在科河恩西將極大部分的時間都投注在一幅以〈山坡上的兩名女子〉為藍圖的大型油畫，顏料的厚度讓筆觸看起來像是「在畫布上的拳頭」。但和妙麗離婚後，這幅畫的大件版本被馬爾克銷毀，將妙麗身影從畫布割去，獨留下瑪利亞的肖像部分。

馬爾克　**瑪利亞**
1906　油彩畫布
76.5×53cm
慕尼黑連巴赫市立
畫廊藏作（右頁圖）

馬爾克
**臨終父親頭像**
1907　炭筆
23.5×29.5cm
慕尼黑國立圖書館藏

傷透了腦筋。馬爾克表示願意從中協助，因而與妙麗在1907年三月結婚，馬爾克則在婚禮的同一天傍晚獨自前往巴黎。

究竟他是否對妙麗產生深厚的感情，或是他當時愛的人仍是瑪利亞，至今已無法追溯。但在後來一封經過法院公證的陳情書上的確寫著：「妙麗女士當時是希望馬爾克先生在婚後能自由地與她分開的狀況下才答應了婚約。而這樣的請願也有一份切結書作證……妙麗女士表示，她完全是為了孩子著想才願意立下婚約……。」

在巴黎，馬爾克有一項特殊的任務，那便是前往梵谷及高更的特展。當他在巴黎親眼目睹梵谷及高更的畫作時，他立刻為之折服，馬上興奮地寫信給瑪利亞：「我無法表達這股喜悅，這個美好的城市有我所夢寐以求的……，梵谷及高更的作品更使我踉蹌、焦慮不安的靈魂終於能夠獲得安息。」

馬爾克開始認真地研究這兩位畫家，認為他們超越了印象派，創造了全新的造形語言。看來，馬爾克就像其他許多畫家一樣，需要參透了近幾十年來繪畫風格的發展，最終才能達成自己的風格。因此他回到慕尼黑之後，便將在巴黎的新發現在自己的畫布上做實驗。

這樣新的發展體顯現在〈迎著海風的女子〉這幅畫上，那是在1907年的夏秋季，馬爾克陪伴妙麗回娘家拜訪，他們在德國和波蘭的交界濱海小鎮做停留時所畫的。我們可以察覺色調又變得更明亮、強烈。馬爾克首先以少許扭曲的筆觸，以及對比平緩的藍色及綠色捕捉了人物的動態，不拘泥於細部描繪，成功地描繪出一波波的海浪以及人物迎風而行的吃力感。

那年夏天所畫的八幅作品，其中有六幅被他親手摧毀了。這趟旅程只是馬克與妙麗短暫的復合，一封他寫給瑪利亞的信描述道：「命運能否放過我答應了這樁愚蠢的婚姻？今天我來到你面前，向你求救：救救我！但我必須承認，這些令人厭惡的日子所帶來的考驗，讓我在心靈與精神上受益不少。」

馬爾克在此之前嘗試過一些其他賺取收入的方法，包括在妙麗任教的機構中開設動物解剖學的課程，以及製作石版畫。兩幅

馬爾克
**迎著海風的女子**
1907　油彩紙板
25×16cm
弗朗茲・馬爾克美術館
藏（右頁圖）

作品〈嬉戲的孩童〉及〈戲水女子〉分別顯示了德國新古典主義藝術的影響，以及朝夕相處的妙麗，不可否認地也影響了他的創作——妙麗在1904年為《青年雜誌》所作的封面和馬爾克的〈戲水女子〉題材十分相近；1906年馬爾克畫的另一幅油畫〈農婦與雞〉和其他作品風格迥異，也是受妙麗1902年被《青年雜誌》刊登的一幅作品所影響。

但1907年同妙麗拜訪她的家人、母親及姊妹的經驗，讓馬爾克終於受不了終日環繞於過於強勢的女人之下，對於這樁草率的婚姻他感到乏力，希望至少能在創作中，保有自己的空間，因此他在一封寫給瑪利亞的信中說道：「隨著

馬爾克　**嬉戲的孩童**
1907　石版畫
（左上圖）

馬爾克　**戲水女子**
1908　彩色石版畫
（右上圖）

馬爾克　**農婦與雞**
1906　粉彩蠟筆
70×50.7cm
私人收藏（右頁圖）

妙麗的作品〈**戲水女子**〉在1904年出版為《青年雜誌》封面。馬爾克的石版畫作品似乎受到妙麗的影響。（左下圖）

45

馬爾克　**屠宰牛隻**
1907　油彩炭筆
23.4×29.3cm
漢諾威私人收藏

我一步步地遠離妙麗的畫作，今年，我沒有任何一幅畫作是受她影響的（排除一些技術上的建議及修改之外）。我的畫作朝向嶄新的方向前進，是妳在慕尼黑畫壇中前所未見的。」馬爾克和妙麗的關係逐漸疏離，和瑪利亞的聯絡則更加頻繁。為了免於城市裡的流言蜚語，在夏季開始後，他和瑪利亞便借住於科河恩西附近的務農人家中。

　　這場婚姻在1908年宣告終結，但和當初婚前的決議不同，妙麗向法院提出離婚請求時，這也使馬爾克背負了罪名，讓他無法和瑪利亞再婚，這個問題也持續了許久。1908年，馬爾克和瑪利亞就開始同居，1911年在英國結了婚，而德國直到1913年才放寬法律，承認了馬爾克與瑪利亞的婚姻。

馬爾克　**稻草堆**
1907　油彩畫布
78.8×58.4cm
美國愛荷華大學美術館
藏（右頁圖）

46

馬爾克　**死馬頭像**　1908　鉛筆　15×22.7cm　弗朗茲‧馬爾克美術館藏

馬爾克　**兩隻熊Ⅰ**　1907　炭筆　27×34cm　私人收藏（右頁上圖）
馬爾克　**熊及頭部肖像**　1907　炭筆　34×43.5cm　私人收藏（右頁下圖）

馬爾克　**屠宰牛隻習作／腳部**　1907　炭筆　16.5×45.6cm　紐倫堡日耳曼民族博物館藏

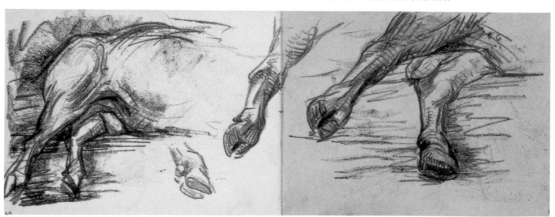

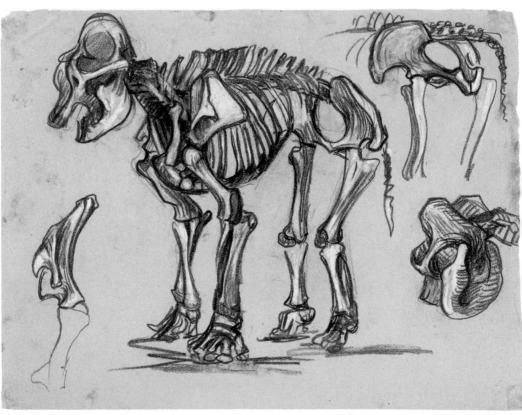

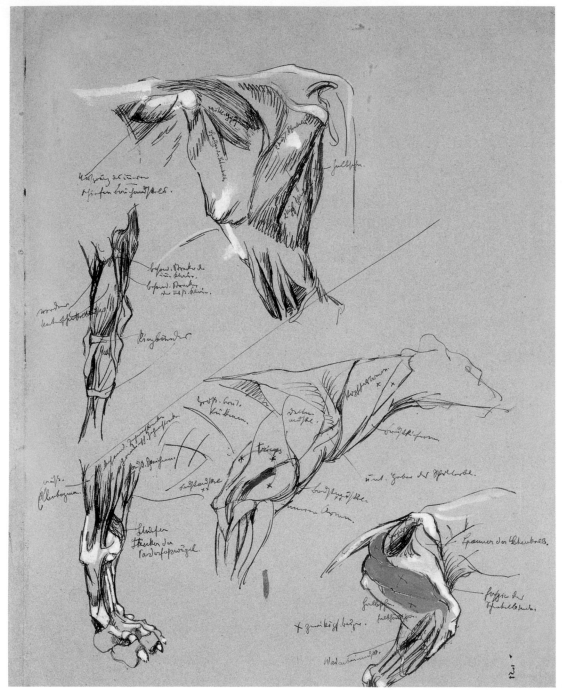

馬爾克　**動物解剖習作**　1908　鋼筆墨水白紅鉛筆　42.7×34.9cm　德國哈勒美術館藏
馬爾克為動物的肌肉骨架做標註，以便研究之途。

馬爾克　**海鷗及老虎**
1907　炭筆
34×44cm
德國曼海姆城市美術館藏

馬爾克　**死去的麻雀**
1909　鉛筆白鉛筆
41.9×32.1cm
德國德勒斯登藝術博物館藏
（Gemaldegalerie, Staatliche
Kunstsammlungen, Dresden）

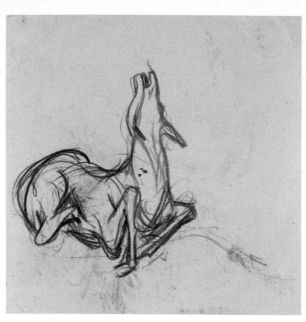

馬爾克　**海鷗及老虎**　1907　炭筆　34×44cm
德國曼海姆城市美術館藏

馬爾克　**穀倉中的羊群Ⅰ**　1908　水彩炭筆
49.5×59.5cm　德國魯爾河畔米爾海姆美術館藏
（下圖）

馬爾克　**裸女與新生**　1908　蛋彩　30×28cm　德國銀行收藏

馬爾克　**森林中的鹿群**　1907　水彩蛋彩粉彩畫紙　14×33cm　美國巴爾的摩美術館藏

馬爾克　**牧羊女與羊**　1908/09　水彩　21.2×29.5cm　德國漢堡市立美術館藏

馬爾克　**森林中的鹿群（鹿群浮雕）**　1908　炭筆　24×38cm　慕尼黑國立圖書館藏

馬爾克　**母驢與小驢習作**　1909　鉛筆水彩　12.4×19cm　紐倫堡日耳曼民族博物館藏

馬爾克 **稻草堆**
1909 油彩畫布
65.5×89cm
德國明斯特藝術與文
化歷史國家博物館藏
（LWL, Münster）

馬爾克 **草原上的馬匹**
1911 鋼筆墨水
11.1×17.9cm
德國哈勒美術館藏（左
頁上圖）

馬爾克
**站立的馬匹與樹** 1911
鉛筆 18×11.2cm
慕尼黑連巴赫市立畫廊
藏（左頁左下圖）

馬爾克 **山與裸女**
1908 蛋彩
54.2×41.5cm
慕尼黑連巴赫市立畫廊
藏（左頁右下圖）

# 1908～1909年：
# 靈感孕育之地──倫格里斯、辛德斯朵夫

　　1908年夏天，瑪利亞與馬爾克一同到慕尼黑西南方的倫格里
斯（Lenggries）作畫，馬爾克持續發展新的繪畫風格，兩人的關
係也逐漸穩定下來，並且持續升溫。他們一起到戶外寫生，有時
去樹林裡，有時到湖邊。

　　在瑪利亞所寫的回憶錄中，她寫道：「1908及1909年在創作
上是一段豐碩及快樂的時光。後來馬爾克每每遇到困難及瓶頸，
就會回憶那個時候並從中得到安慰。他對生活的態度堅定，從早
到晚，一整天不受干擾地持續創作。這樣的工作量不只沒有使他
感到厭煩或草草帶過任何一幅畫作，相反地，他獲得了前所未有
的平靜。」

馬爾克　**裸體構圖Ⅱ（兩名沐浴的女子）**　1909　蛋彩紙板　63×53cm　德國柏林國立博物館藏

馬爾克　**裸女習作**　1909　油彩蛋彩紙板　89×60.2cm　德國法蘭克福市立美術館藏（右頁圖）

馬爾克　**落葉松幼樹**
1908　油彩畫布
100×71cm
科隆路德維格美術館藏
（右頁圖）

馬爾克　**稻草堆**　1908
蛋彩鉛筆水彩
43.3×28.8cm
慕尼黑連巴赫市立畫廊藏

　　馬爾克在1908年將專注力貫注於少數幾幅作品，包括了〈落葉松幼樹〉、〈植物習作〉、〈倫格里斯馬匹繪畫I〉；其中〈落葉松幼樹〉可看出梵谷的風格，而這樣的傾向在後來的〈小橡樹〉更加明顯。

馬爾克　**小橡樹**
1909　油彩畫布
83.5×104cm
慕尼黑連巴赫市立畫廊
藏

這幅作品顯現出梵谷畫
風對馬爾克深刻的影
響，在1909年馬爾克曾
協助懸掛梵谷的展覽。

　　1909年夏天在辛德斯朵夫（Sindelsdorf），馬爾克創作了更多
的作品。而從這兩年的作品可以看出來，鉻黃色及鉛白占了極大
的份量，可以看出藝術家在心境上有了很大的轉變。瑪利亞在回
憶錄中寫道：「我們成天在陽光下曝曬，用了最明亮的色調，就
像我們興奮的心情一樣，也像是叢林裡青亮的綠芽一般……。回
到慕尼黑後沒有人能真正了解這些畫作，他們無法看出、也無法
察覺馬爾克究竟在這些畫裡埋藏了多少的愛與奉獻。」

　　1908年所作的〈倫格里斯馬匹繪畫I〉也是馬爾克開始畫馬群
的重要里程碑。他使用了更大的畫布，讓馬匹的造形更加獨立有
自信。後來馬爾克在1910年陸續創作了〈倫格里斯馬匹繪畫II〉、
〈倫格里斯馬匹繪畫III〉，但都相繼將它們摧毀，甚至是〈倫格

里斯馬匹繪畫I〉也被裁切成兩半，後來才被修復。

圖見69頁

　　另一幅1909年創作的〈大型景觀畫I〉也採取了相似的群馬組合，不同的是他將背景加寬，將重疊的馬匹移至右下角。這個主題一直圍繞著他，並且不斷地嘗試以新的繪畫方式來呈現，可見他對這幅畫的重視程度。

　　經過三幅「牧場馬群」系列的實驗後，馬爾克終於在1911年二月的〈牧場馬群IV（紅色馬匹）〉達到了滿意的效果。畫作

圖見88頁
圖見68頁

的色彩加重，每匹馬都有獨立的造形輪廓。而原來〈倫格里斯馬匹繪畫I〉重疊的馬群造形則是演變成為1911年的〈藍色的大型馬〉、〈小藍馬群〉及1912年的〈小黃馬群〉。

　　馬爾克認為自然的景觀畫作能傳遞出一種同理心，他希望能藉由微小的細節、簡單的事物，來描繪共通的符號、傳達心境及探索自然的奧祕。這一系列的實驗顯現出，馬爾克鍥而不捨地將畫面「內在化」，將自然的造形轉換為風格語言，並且藉由大型的畫布將這份感覺化為不朽的標誌。

圖見71頁

　　1908至09年間的冬季，馬爾克以〈兩匹馬〉為題完成了一座雕塑，兩匹馬一仰首一俯首，充滿了韻律感，而馬匹的輪廓再度被明朗化，生動地將早期畫作以立體方式呈現出來。馬爾克也雀躍地寫信給瑪利亞，希望不久後能夠以雕塑創作賺取一些錢。

馬爾克　**植物習作**
1908　油彩畫布
私人收藏

馬爾克　**兩匹馬**　1910　蛋彩鉛筆　13.4×21.2cm　德國斯圖加特國家畫廊藏，Etta and Otto Stangl 捐贈

馬爾克　**兩匹馬**　1910　鉛筆白鉛筆　28.5×42.7cm　德國哈勒美術館藏

馬爾克　**山景中的兩匹馬**　1910　鉛筆　21.7×16.9cm　慕尼黑國立圖書館藏

馬爾克　**群馬習作**　1908　鉛筆　13.5×17cm　德國哈勒美術館藏

馬爾克　**倫格里斯馬匹繪畫Ⅰ**　1908　油彩畫布　104.8×206cm　私人收藏

# 藝術家雜誌社　收

## 100　台北市重慶南路一段147號6樓

6F, No.147, Sec.1, Chung-Ching S. Rd., Taipei, Taiwan, R.O.C.

姓　　名：　　　　　　　　　　性別：男□ 女□ 年齡：

現在地址：

永久地址：

電　　話：日／　　　　　　　　手機／

E-Mail：

在　　學：□ 學歷：　　　　　　　職業：

您是藝術家雜誌：□今訂戶　□曾經訂戶　□零購者　□非讀者

客戶服務專線：(02)23886715　E-Mail：art.books@msa.hinet.net

# 藝術家書友卡

感謝您購買本書，這一小張回函卡將建立
您與本社間的橋樑。我們將參考您的意見
，出版更多好書，及提供您最新書訊和優
惠價格的依據，謝謝您填寫此卡並寄回。

1.您買的書名是：

2.您從何處得知本書：

□藝術家雜誌　□報章媒體　□廣告書訊　□逛書店　□親友介紹

□網站介紹　　□讀書會　　□其他

3.購買理由：

□作者知名度　□書名吸引　□實用需要　□親朋推薦　□封面吸引

□其他

4.購買地點：＿＿＿＿＿＿＿＿＿市（縣）＿＿＿＿＿＿＿＿＿書店

□劃撥　　　　□書展　　　　□網站線上

5.對本書意見：（請填代號1.滿意 2.尚可 3.再改進，請提供建議）

□內容　　　　□封面　　　　□編排　　　　□價格　　　　□紙張

□其他建議

6.您希望本社未來出版？（可複選）

□世界名畫家　　□中國名畫家　　□著名畫派畫論　　□藝術欣賞

□美術行政　　　□建築藝術　　　□公共藝術　　　　□美術設計

□繪畫技法　　　□宗教美術　　　□陶瓷藝術　　　　□文物收藏

□兒童美育　　　□民間藝術　　　□文化資產　　　　□藝術評論

□文化旅遊

您推薦＿＿＿＿＿＿＿＿＿＿作者 或 ＿＿＿＿＿＿＿＿＿類書籍

7.您對本社叢書　□經常買　□初次買　□偶而買

馬爾克　**小馬圖**　1909　油彩畫布　16×25cm　弗朗茲・馬爾克美術館藏

馬爾克　**大型景觀畫I**　1909　油彩畫布　110.5×211.5cm　私人收藏

這幅作品是在辛德斯朵夫所作，馬爾克在1909年九月十八日寫信給瑪利亞說道：「今天我又前往了叢林後方的馬場，多神奇啊，秋季陽光灑落在那些閃亮的馬匹身上，時間好似凝結在永恆。」

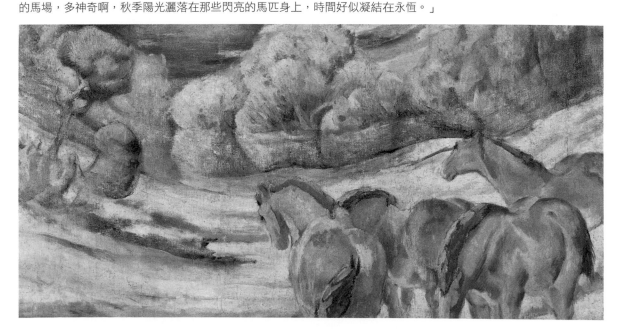

馬爾克　**牧場馬群I**　1910　油彩畫布　64×94cm　慕尼黑連巴赫市立畫廊藏

　　包括這件雕塑，以及另一幅石版畫〈太陽下的馬匹〉後來在馬爾克第一個個展中被出版商林哈德·派柏（Reinhard Piper）相中，於1910年二月在巴克（Brakl）畫廊中買下。

　　當時派柏正在籌畫出版一本關於藝術中的動物的書，收錄了從洞窟繪畫、古埃及，一直到古典藝術巨將及當代藝術家的一些作品。因此他主動地和馬爾克聯絡，不僅決定將銅雕〈兩匹馬〉的照片放置在序章，更邀請馬爾克寫一篇與動物藝術相關的文章。

　　這篇文章因而成為馬爾克的首篇出版作品，並且時常被相關的研究所引用。他寫道：「我專注的並不特定是在動物繪畫的領

馬爾克　**太陽下的馬匹**　1908　彩色石版畫

馬爾克　**牧場馬群Ⅱ**　1910　油彩畫布（只剩部分）　34×92.5cm　德國斯圖加特國家畫廊藏

馬爾克　**兩匹馬**　1908-09　銅像　13×16.5×16.4 cm　慕尼黑連巴赫市立畫廊藏

馬爾克　**獅子被箭射中**　1910　銅雕
6×7.2cm　慕尼黑連巴赫市立畫廊藏

倫敦大英博物館藏的〈**獅子被箭射中**〉浮雕，
原自古亞述王朝（公元前669-626年）的宮殿
裝飾。

馬爾克雕刻的杵臼　約1910　黃銅　高12.2cm×直徑30cm
慕尼黑連巴赫市立畫廊藏

馬爾克　**亞當和夏娃**　1910
銅雕　6×6.8cm
慕尼黑連巴赫市立畫廊藏

馬爾克　**豹攻擊馬**　1910
銅雕　7×3.8cm
慕尼黑連巴赫市立畫廊藏

馬爾克　**兩隻灰貓**（**貓習作Ⅱ**）
1909　油彩畫布　40×52.5cm
私人收藏（右頁下圖）

馬爾克 **女性軀幹** 1910 蠟像 高24cm
慕尼黑連巴赫市立畫廊藏

馬爾克 **豹** 1908 銅像 9×8×9.8cm
慕尼黑連巴赫市立畫廊藏

域。我探尋一種優美、純粹、輕盈的風格,至少我們現代畫家從中想要表達的能夠完整地被顯現出來。我試著強化自己的感知,體悟所有事物有機的韻律。我盡力以一種泛神論的角度去體會大自然的生命力——樹、動物、空氣的流動與頻率。盡力以此來創作一幅畫作,使用新的動態及色彩來玩我們傳統的繪畫媒介。在法國,畫家接受這樣的訓練已經超過一個世紀了。從德拉克洛瓦、米勒,經過了竇加、塞尚,而後有梵谷及點描派。而法國的新一代畫家更是無不投注在這場美學的競賽裡。但奇怪的是,他們從不碰觸與追求目標極為切合的一個主題——動物畫作。除了動物畫作之外,

馬爾克製作的杯子模型
1910-11 石膏
高6.5cm×直徑9cm
慕尼黑連巴赫市立畫廊藏

馬爾克 **有狐狸及雄獐裝飾的杯子** 1915
複合媒材拼貼
16×11.7cm
西班牙馬德里泰森·波涅米薩博物館藏(右頁圖)

馬爾克 **草地上的幼驢**
1909 油彩畫布
私人收藏

馬爾克　**跳躍的狗**　1908　油彩紙板木版　54.5×67.5cm　慕尼黑連巴赫市立畫廊藏

這隻狗是馬爾克父母的居家寵物，馬爾克在1904年以牠為題材畫了多幅作品，所以這幅1908年的動態習作可以看出馬爾克很快地勾勒出狗的神韻。在表層顏料下還覆蓋著一層裸體人像。

馬爾克　**休憩的狗（一張狗的肖像）**　1909　油彩畫布　65×78.5cm　私人收藏（左頁上圖）

〈**裸女習作**〉與〈**休憩的狗**〉同是在辛德斯朵夫度假時所畫，馬爾克嘗試在顏料中加入白色，創造出紫色、藍色調和的感覺。

馬爾克　**兩隻在雪中的牧羊犬**　1909　油彩畫布　80.5×114cm　華盛頓國家藝廊藏，Stephen M. Kellen夫婦捐贈（左頁下圖）

馬爾克　**麥田中奔跑的牧羊犬**　1909　油彩畫布　70×104cm　私人收藏

馬爾克　**野兔習作**　1909　鉛筆　24.7×38.1cm　倫敦私人收藏

馬爾克　**石頭小型習作**　1909　油彩畫布　58×83cm　私人收藏

馬爾克　**野兔**　1909　油彩麻布　61.5×100.5cm　德國達姆斯塔特蘭得斯美術館藏

我想不出有任何更好的方法能生動地達成這個目標。因此我將它設為我探索藝術領域的方針⋯⋯。」

馬爾克　**黃昏的鹿**
1909　油彩畫布
70.5×100.5cm
慕尼黑連巴赫市立畫廊藏

## 1910年：
## 首次個展，結識畫家麥克、收藏家克勒

　　1910年對馬爾克來說，是一個重要的轉捩點：一月六日，小馬爾克七歲的年輕藝術家，奧古斯特・麥克前往拜訪，這是他們第一次會面。這次的臨時會面開啟了他們之間珍貴的友誼，馬爾克也終於不用在藝術的領域中獨自奮鬥了。

　　麥克當時正和新婚的妻子度蜜月，暫居慕尼黑南部的泰根塞（Tegernsee）。他們和親戚海慕特（Helmuth Macke，一位年輕的畫家）以及一位富有的柏林製造商之子，小克勒四人同遊慕尼黑。他們在巴克畫廊中見到馬爾克的石版畫，覺得有必要直接認

馬爾克　**鹿在叢林深處**　1909　油彩畫布　102×83.8cm　漢諾威史賓格美術館藏（Sprengel Museum, Hanover）

馬爾克　**沐浴女子**
1910　油彩畫布
美國Norton Simon藝術
基金會藏

識馬爾克，所以便和畫商要了他的地址，和其他三人親自登門拜
訪馬爾克在施瓦賓區的工作室。小克勒在畫廊中買了兩幅馬爾克
的作品，並且囑咐畫商將馬爾克後續的創作寄給在柏林的父親。

　　對馬爾克而言，這次的會面意義非凡，因為這是他第一次認
識和他有著同樣藝術想法與目標的人。同一天他立即寫信給瑪利
亞，興奮地說道：「我必須告訴妳今天發生的一件事情，我有預
感一定會有好結果。有人敲了我的門。門外有三位年輕的紳士說
要找我。他們在巴克畫廊看到了（放在桌子下面的！）兩幅版畫
──〈太陽下的馬匹〉和〈沐浴女子〉。他們太喜歡這些作品因
此要求和我見面……。這三位紳士是畫家，而塞尚是他們的神。
其中一位的父親收藏了梵谷、塞尚的優秀作品。他們三人看起來
好像很富有。他們看遍了畫室的各個角落。我還不知道他們究竟

馬爾克
**躺在花叢中的裸體**
1910　油彩畫布
私人收藏

對藝術評論的概念是深或淺。但無論如何……，他們堅持邀請我前去他們居住的城市泰根塞。我會去那一趟，希望你能伴隨──我和他們談到你和你的喜好。當然，他們對巴黎的藝術及收藏家也略有所知。其中一人叫做麥克，他住在波昂……。而另一位住在柏林的紳士，我不太清楚他的名字（我有感覺他好像特意隱瞞）。這群人帶來了不一樣的感覺，我有好感。」

　　不久後馬爾克與瑪利亞前往拜訪麥克，從此之後兩位畫家之間書信來往頻繁。在信中，他們討論了繪畫方法，並且直接地批評對方的作品，對於藝術以及文化政策也有諸多歧見。今日我們或許認為在藝術家面前這樣直接批評不喜歡的作品是很失禮的，但這不曾影響他們良好的友誼關係。

　　二月，馬爾克的初次個展在巴克畫廊開幕，展出了三十一件畫作、版畫及粉彩作品。在展覽開始的前一天，小克勒的父親柏哈德・克勒（Bernhard Koehler）恰巧到了慕尼黑，便親自前往

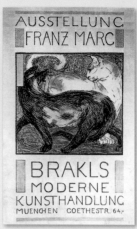

馬爾克　**兩隻貓**
1909/10　版畫
40.5×42cm
慕尼黑連巴赫市立畫廊藏
（1910年2月馬爾克個展
海報）

馬爾克　**紅布上的貓**　1909/10　油彩畫布　50.5×60.5cm　德意志銀行集團收藏

　　馬爾克曾於1907年於巴黎見過梵谷的作品，「唐霍瑟」畫廊在1909年舉辦梵谷的畫展，馬爾克自願協助布展，在懸掛這些畫作的時候，他有機會仔細地觀賞這些畫作，學習梵谷在顏色與造形方面的獨特手法。這個時期的多幅畫作顯現出梵谷的影響。他將新的想法轉化為〈紅布上的貓〉。在一封寫給瑪利亞的信中可以得知，這幅畫是在十二月底、一月初之間完成的。畫作強烈的色彩以及粗獷、重疊的筆觸自然而然地令人想到梵谷的作品。尤其是背景的草堆及花朵的畫法和梵谷的作品有著異曲同工之妙。

　　後來二月分巴克畫廊為馬爾克舉辦個展時，〈紅布上的貓〉看起來最為突出，但相較之下，比起其他的作品就略顯格格不入。而馬爾克為展覽所設計的海報也誤導了觀眾，這張海報上畫出兩隻貓踱步對視的樣子，畫面充滿趣味及張力，但是馬爾克現在採取的藝術方向乃是將物體簡化為基本結構，而海報上的插畫充滿了太多細節。

馬爾克　**兩隻睡著的貓**
1910　水彩鉛筆
12.3×20cm
德國布藍茲維市烏爾
里奇博物館（Herzog
Anton Ulrich-Museum,
Brunnswick）

馬爾克
**藍底上的二裸女**
1910 鉛筆蛋彩
13.5×20cm
德國哈勒美術館藏

畫廊協助馬爾克懸掛展品。瑪利亞在回憶錄寫道：「這讓畫廊經理人留下了深刻的印象，當然，一位年輕、不知名、且風格迥異的畫家，居然有大名鼎鼎的收藏家協助掛畫。而且克勒又買了多幅畫作，所以有一些展出的作品旁張貼了『已售出』的小紙條。這是一個很大的進展和嶄新的開始。那年夏天，馬爾克更勤於創作。他回到之前在辛德斯朵夫租借的房間，有一些行李已經在那放了整個冬天。從任何一個角度來看，辛德斯朵夫提供他最適合的創作環境，他因此離開了慕尼黑的公寓，將家具、繪畫搬至辛德斯朵夫，那時是1910年七月。」

馬爾克搬至辛德斯朵夫後，便順道前往柏林參觀克勒的收藏，見到麥克的油畫作品後，他便寫信給麥克：「……從你的素描本我可以評斷你是一位優秀的藝術家，在克勒宅邸內看見你的畫作，更進一步印證了我心中所想的。……克勒的收藏中有一些

馬爾克　**裸女與貓**　1910　油彩畫布　86.5×80cm　慕尼黑連巴赫市立畫廊藏

突出的藝術品，但如果要讓收藏整體表現更卓越，他需要重新修整收藏的方向。我們兩人需要盡全力讓克勒的收藏在五年之後看起來煥然一新。」

馬爾克在信中充滿了自信與野心，因為克勒答應資助他每個月兩百德元的生活費，換取等同價值的畫作。馬爾克終於可以免於財務方面的困擾，專心創作，在畫作的量與品質方面都有顯著的進步。

他一整個夏天都在辛德斯朵夫作畫，和麥克的友誼也變得更加深厚。雖然他們居住在不同城市，麥克住在德國西邊的波昂，而馬爾克居住在德國南方的辛德斯朵夫，但他們仍會彼此互相拜訪，或是偶爾相約到慕尼黑見面，交換想法、書籍。

馬爾克不斷地實驗新的風格，1910年下半，他嘗試將自己從大自然的色彩中解放出來，更自由地用色。但他似乎仍無法將心中的想法完全地轉化到畫面上，或是妥善掌控畫作的表現力，因此而銷毀了幾幅畫作。

他對於作品的要求很高，但是追求的目標卻也飄渺。在一封1911年寫給瑪利亞的信中，他寫道：「……注視，一張畫的情緒及表情；一張畫是一個宇宙，它運轉的定律和自然有些不同。自然其實是沒有規則的，因為它的無垠──無止盡的並置和連續。是我們的心創造了這些生硬的定律，只為了能重現無垠的自然。法則愈嚴格，它們愈能夠保留自然的資源……任何藝術的衰落都是由摒棄這些嚴格的法則開始，而藝術也開始自然化，不再備受質疑。在這裡我寫得好像自己知道這些夢寐以求的黃金法則似的！事實上我願意用我所有靈魂對它的渴求，以及所有的力量來找尋它們，我可以感覺到它們已經悄悄地攀上了我的畫布。」

圖見82頁

一方面在1910年下，馬爾克也開始創作一系列人體素描及油畫，例如〈裸女與貓〉、〈沐浴女子〉效仿了馬諦斯及塞尚的畫風，人物的造形令人聯想起塞尚的畫作，而色彩的配置則是受馬諦斯的影響，大膽使用主觀的配色。

他藉著這些人體畫練習色彩的配置，並且很堅持色彩的強度及反差，甚至拿三菱鏡比對。麥克曾寫信告訴他，這樣做太費工

馬爾克　**牧場馬群IV（紅色馬匹）**　1911　油彩畫布　121×183cm
哈佛大學布希雷辛格美術館藏（Busch-Reisinger Museum）

給瑪利亞：

我又開始畫另外一幅有三匹馬的大型景觀畫作，馬匹呈三角構圖，從這個角落到那個角落都非常多彩，很難描述它的色彩……。土地裡有朱紅色、鉻黃色、鈷藍色、深綠及洋紅；馬匹則從黃褐色轉變至紫色。地面的造形很突出，部分甚至是整筆用藍色畫的！你可以想像嗎？這些形狀都是即刻的清晰強烈，所以能夠承載這些色彩。

馬爾克　2月2日1911年

夫了。但馬爾克反駁道：「對我來說這些準備都是必要的。我們必須知道所有可用的資源：所有的造形構成、所有的色彩，才能夠靈活地表達自己。你不這麼認為嗎？」

〈躺在雪中的狗〉、〈牧場馬群IV（紅色馬匹）〉都是以同樣的理念所畫的，在〈鼬鼠嬉戲〉更可以清楚看到「極端色彩分離」的創作手法：這幅畫原是黑白的版畫，馬爾克以早期的作品為草稿，在油畫的版本中，更可以看出如光譜般絢麗的色彩配置。

馬爾克簡化色彩與造形的手法，讓畫作在構圖及表現張力有

馬爾克　**躺在雪中的狗**
1910/11　油彩畫布
62.5×105cm
法蘭克福市立（Städel）
美術館藏（右頁下圖）

馬爾克　**鼬鼠嬉戲**　1909-10　石版畫

馬爾克　**樹下兩隻牛**　1910-11　鉛筆　20.8×16.3cm
私人收藏

馬爾克　**鼬鼠嬉戲**　1911　油彩畫布　101.9×67cm　私人收藏

馬爾克　**樹下牛群**　1910-11　水彩鉛筆　12.5×21cm　紐約古根漢美術館藏

馬爾克　**彩虹下的公牛**　1911　炭筆　17×21.7cm　德國哈勒美術館藏

馬爾克　**雪中的鹿 II**　1911　油彩畫布　84.7×84.5cm　慕尼黑連巴赫市立畫廊藏

馬爾克由外在情境的刻畫，轉為內在心境的描繪：畫面中的鹿和雪被簡化為更單純的形態和顏色，原本浮動的筆觸，也被較為平滑的塊面所取代，整幅畫散發出一種平靜和諧的氛圍。

了新的突破。而如此繁複的創作手法在油彩作品〈樹下的牛隻〉完成後正式告一段落。自從1910年秋季開始接觸「慕尼黑藝術家協會」之後，馬爾克受了深刻的影響。這一年，他又往理想的創作方向邁進了一步。

馬爾克　**樹下的牛隻**
1910-11　油彩畫布
100×72cm
德國魯爾河畔米爾海姆
美術館藏（Kunstmuseum
Mülheim an der Ruhr）
（右頁圖）

馬爾克　**公牛**　1911　油彩畫布　101×135cm　紐約古根漢美術館藏

畫中的牛有穩重、祥和的感覺。就像佛教的石雕一樣，威嚴簡樸的造形、半闔的眼眸，泰然處之於睡與醒之間的狀態令人感到親近，但卻又保持著距離感。在一片綠意的襯托之下，處於高地的牛像是位於聖壇上供人膜拜的神祇。

馬爾克　**休憩的公牛與向日葵**　1911
鉛筆　10.5×17.2cm　私人收藏

馬爾克　**躺著的公牛**　1911
炭筆　11.4×15.8cm　慕尼黑國立圖書館藏

馬爾克　**亨利・盧梭肖像**　1911　玻璃彩繪

馬爾克　**雪中的稻草堆**
1911　油彩畫布
79.5×100cm
弗朗茲・馬爾克美術館藏

馬爾克
**春季與鹿（三隻鹿）**
1911
炭筆墨水白色粉彩筆紙板
41×49.5cm
科隆路德維格美術館藏

馬爾克　**猴群浮雕**　1911　油彩畫布　76×134.5cm　德國漢堡美術館藏

馬爾克　**三隻鹿**　1911　油彩畫紙　原藏於柏林美術館，疑似在戰爭中被摧毀

馬爾克　**驢子浮雕**　1911　水彩　17×21.7cm　私人收藏

馬爾克　**驢子浮雕**　1911　油彩畫布　81×150cm　私人收藏

**埃及驢子浮雕**
公元前2700至2600年
荷蘭列登（Leiden）
國家美術館藏

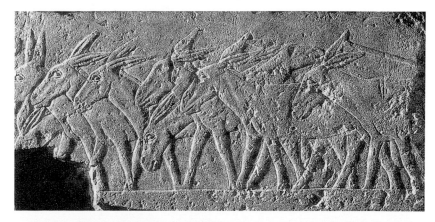

馬爾克
**驢子浮雕**（局部）
1911

## 加入「慕尼黑新藝術家協會」

「慕尼黑新藝術家協會」於1909年一月成立,成員包括了康丁斯基、亞連斯基(Alexei von Jawlensky)、嘉柏里麗‧蒙特(Gabriele Munter)、瑪莉安娜‧馮‧威若肯(Marianne von Werefkin)、奧地利畫家庫賓(Alfred Kubin)、歐勃斯羅(Adolf Erbslöh)、卡諾德(Alexander Kanoldt)、別赫列夫(Vladimir von Bekhteyev)等人。同年他們在唐霍瑟(Thannhauser)的畫廊舉辦聯展,馬爾克對展覽印象深刻。

隔年九月「慕尼黑新藝術家協會」又舉辦了第二次展覽,此次展覽更加地國際化,引起了大眾廣泛地討論。但不久之後,《慕尼黑新聞快報》出現了一篇負面的批評,寫著:「幾乎這個

馬爾克　**風景中的馬**
1910　油彩畫布
85×112cm
德國埃森福克旺博物館藏

我們從馬的身後與牠一起體驗眼前這寬闊、抽象的地景,色彩是表現性的、不真實的,同時也賦予畫作未知、深刻的力量。

馬爾克
**風景中的馬**(局部)
1910

組織的所有成員，和他們所邀請的人，都瘋狂的無可救藥……展
覽是集結在一起的瘋狂。」

　　但馬爾克並不認同，他也在展覽開始的頭幾天前往觀
賞，展出的畫作令他大為振奮，因此特地為展覽寫了評論，寫
道：「『新藝術家協會』的作品為何看來能格外地具有前瞻性的
原因是，這些畫不只包括了『精神』導向，對於繪畫的空間安
排、節奏感，以及色彩理論方面也是卓越的範例。」在描述了展
覽中的各個畫家如何超越了傳統繪畫後，馬爾克接著寫道：「首
先，在畫布上他們合理地鋪陳了——靈活的線條，再來便是調和
的色彩——兩者並行營造出一種精神性的氛圍，他們描繪的主題
為何並不是重點，重要的是，他們為一種新的、卓越的、精神性
的美學開啟了先例，也奠定了基礎……。」馬爾克在文章結尾寫

馬爾克　**小藍馬**
1912　油彩畫布
57.5×73cm
德國薩爾洲美術館藏
（Saarbrücken,
Saarlandmuseum）

馬爾克
**小藍馬**（局部）　1912
德國薩爾洲美術館藏
（右頁圖）

馬爾克　**藍色的大型馬**　1911　明尼蘇達州沃克藝術中心（右頁為局部圖）
這幅畫是為1911年十二月的第一屆「藍騎士」聯展所準備的作品。

馬爾克　**小藍馬群**　1911　油彩畫布　61×101cm　德國斯圖加特國家畫廊藏
馬爾克在1911年起開始以象徵性的色彩及抽象的視覺語言創作，馬匹系列畫作也成了他的最佳代表。

道：「每一個有長眼睛的人都可以察覺出這一股藝術新潮流強大的力量。」

　　馬爾克將文章寄給剛認識的出版人林哈德‧派柏，並請他將文章交給「新藝術家協會」，因此康丁斯基等人輾轉讀到了這篇文章，並徵求馬爾克的同意後，將他的文章印製成小冊子，在後續展覽中發放。馬爾克也與「新藝術家協會」的成員開始了頻繁的互動。

　　值得一提的是，馬爾克從未如此確切地討論過「精神性」（唯心）的藝術創作，而這樣的看法也正好和康丁斯基剛完成的小論文《藝術的精神性》不謀而合。在這樣難得的共識下，康丁斯基邀請馬爾克的協助，於1911年末出版了《藝術的精神性》（編者按：中文翻譯本由藝術家出版社出版）。

　　馬爾克先見過了團體中的其他藝術家，一直到1911年才和康丁斯基正式會面，他們在新年的時候去聽了苟白克（Arnold Schoenberg）的演奏會，並且聊了許多對藝術及音樂的看法。隔日

馬爾克　**小黃馬群**
1912　油彩畫布
66×104.5cm
德國斯圖加特國家
畫廊藏

馬爾克
**小黃馬群**（局部）
1912

馬爾克興奮地寫信給瑪利亞，說道：「康丁斯基在所有人中最為耀眼……，不只是個人魅力方面，他完全地使我信服。我是多麼希望能將妳介紹給這新朋友啊！妳會覺得一見如故的……。」

在1911年二月，馬爾克受邀加入「新藝術家協會」，並立即被選為第三理監事，不久後，他也親自到慕尼黑參加團體會議，在那他寫信給瑪利亞，說道：「有一天早上，我徒步到康丁斯基的家！在那裡所度過的幾個小時我此生都不會忘記。他讓我看了許多作品，新的作品尤其令人印象深刻；我很欣賞他畫作中強烈、純粹、激烈的色彩，然後腦袋開始運轉，無法不去想這些畫，你會覺得腦袋都快炸開了，但仍希望享受這些畫作所帶來的愉悅感。」

馬爾克　**藍馬之塔**
1913　油彩畫布
200×130cm

原藏於柏林美術館，疑似在戰爭中被摧毀

馬爾克與康丁斯基的會面成為德國現代藝術的一股推力，康丁斯基的畫作及思想深刻地影響了馬爾克。他們的看法完全一致，認為藝術分為「外在的」與「內在的」，並且人的精神及思想中存在著一種「不可避免的定律」，因而將「能夠傳達精神的藝術」做為創作的指標。

在認識康丁斯基之前，馬爾克才剛在繪畫形式上有了新的突破。1910年他畫了兩幅〈牧場馬群〉，確立了新的構圖想法，在〈牧場馬群III〉色彩已變得更強烈，但細部仍未跳脫自然的色彩。

〈牧場馬群IV〉就是一次完整的蛻變了，原先四匹馬的構成精簡為以金字塔造形排列的三匹馬。牠們的造形及輪廓回應了背景起伏的山坡和地平線。色彩的配置更加大膽，軀體的紅已經背離了一般正常的膚色。

除了馬爾克自己的解釋——黃色的牛、藍色的馬，這樣脫離

馬爾克
**黃色的母牛**（習作）
1911　油彩木板
62.5×87.5cm
德國哈勒美術館藏

馬爾克　**黃、紅與綠色的母牛**　1911　油彩畫布　62.9×88cm　慕尼黑連巴赫市立畫廊藏（下圖）

〈**黃色的母牛**〉是馬爾克最經典的作品之一，現藏於紐約古根漢美術館。母牛飛躍的動作和不尋常的黃色，曾惹來同儕間不少爭議。但詩人希爾多‧杜柏（Theodor Däubler）對作品表示肯定，他說：「這隻牛的靈魂裡帶著一些太陽的光芒。」在康丁斯基的色彩理論中，黃色是「土地色彩的原形」，帶著點炫耀的意味，並且象徵著「跨越界線又可超越周遭紛亂氛圍」的力量。

常軌的色彩，是透過動物的眼所看見的另一個世界，由這些流利
的線條跳一首融入在宇宙中圓舞曲。除了如此浪漫的說法之外，
他的畫法仍是可追根溯源的。譬如說，「牧場馬群」系列、〈風
景中的馬〉、石版畫〈太陽下的馬匹〉的馬匹形象和他收藏的日
本版畫相似。

　　在著名的〈藍色的馬I〉（1911年五月所作），馬爾克更大
膽地宣示了色彩的自主性。他發展了一套色彩理論：「藍色是男
性的法則，嚴峻且精神的。黃色是女性法則，溫柔、快樂、感性
的。紅色是事件，殘酷、沉重，且總是需要被另兩種顏色抵抗及
超越的！舉例來說，如果你先是將精神的藍混合了紅色，那藍色
難以承受的沉痛便被強化，而這時調合的黃色、伴隨著一些紫
色，就是必須的。」

　　如果混合紅色及黃色調出了橘色，那麼「冷冷的、象徵精神

馬爾克　**黃色的母牛**
1911　油彩畫布
140×190cm
紐約古根漢美術館藏

馬爾克
**黃色的母牛**（局部）
1911　油彩畫布

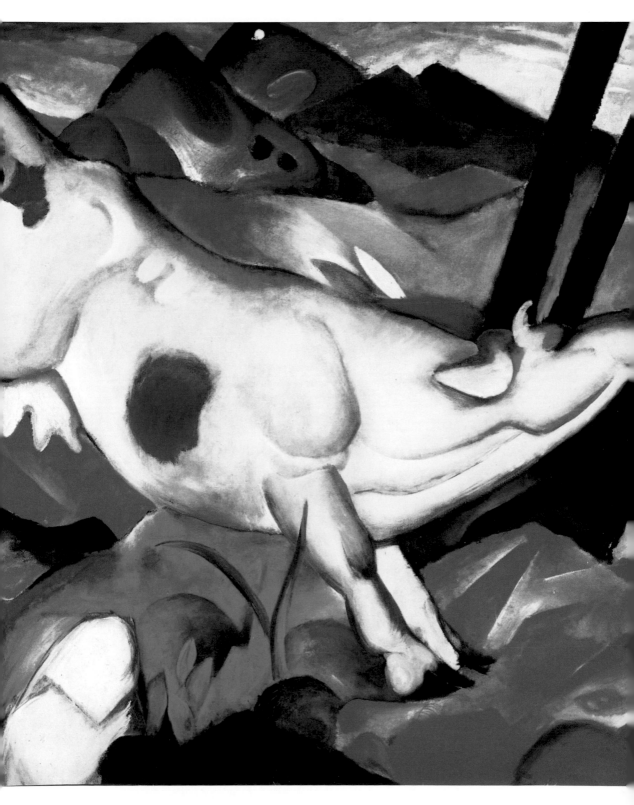

的藍色」自動地會跟隨著橘色，因為這兩個顏色「愛」著彼此。馬爾克認為，藍色與橘色能創造和諧的感覺。

而綠色的採用，則會喚醒「紅色」的「大地」，因此藍色及黃色總是需要幫忙綠色，才能夠「平息紛爭」。

更進一步研究這時期的畫作形態，可以發現十九世紀的「德國籍羅馬」藝術家，漢斯・馮・馬林（Hans von Marées）對馬爾克的影響。馬林的作品曾在1909的「柏林分離派」展出，德國掀起現代藝術的論戰時，他被推崇為「精神性」的理想派畫家，因為他啟發了藝術形式的自由性。

林哈德・派柏也出版了他的作品集，馬爾克得到了一套精裝版本，所以臨摹其中多幅素描作品，〈扛石頭的男子〉即為一範例，而〈藍色的馬〉系列似乎也沿襲了馬林畫作中馬匹篤定及穩健的姿態。

圖見114頁

更重要的是，馬爾克的動物畫除了傳遞情緒感情之外，似乎也套用了古典人物畫的構成手法。打個比方，〈白狗（世界前的狗）〉用了自浪漫主義以降，就常出現的背對人物肖像手法，其他的構圖像是〈森林中的鹿群〉則有類似「聖家庭肖像」的構圖邏輯，讓畫作另外蒙著一股宗教的氛圍。在〈藍色的馬II〉背對的馬匹像暗示著思念、渴望，而動物健壯的體格則又是受「德籍羅馬」藝術家的影響，也像二十世紀初曾一度風靡慕尼黑的半人馬獸。

圖見119頁

圖見120頁

圖見123頁

自信地找出圖像構成的新法則後，馬爾克開始將畫作抽象化，究竟是什麼原因驅使他這麼做？在1910年秋季為「慕尼黑新藝術家協會」辯護的文章或許可以看出端倪，馬爾克寫道：「馬林及其他德籍羅馬藝術家，用已經枯槁的義大利文藝復興主義畫法呈現人體，別赫列夫（Vladimir von Bekhteyev，慕尼黑新藝術家協會成員）大膽地立下終極的結論，將他們裝飾性的構圖，轉化為線性構成的裝飾。這是現代壁畫向前邁進的途徑之一。別赫列夫清楚地知道，他的方向是對的！他的作品〈亞馬遜之戰〉為馬林等人的努力完成了現代版的註解。」在1912年的作品〈瀑布〉中，馬爾克清楚地支持別赫列夫色塊構成及線性裝飾的手法。

馬爾克　**林中的鹿II**
1912　油彩畫布
110.5×80.5cm
慕尼黑連巴赫市立畫廊藏

馬林　**扛石頭的男子**　約1884　炭筆素描

馬爾克　**扛木材的男子**　1911　鉛筆水墨鋼筆　21.6×18.6cm　弗朗茲・馬爾克美術館藏

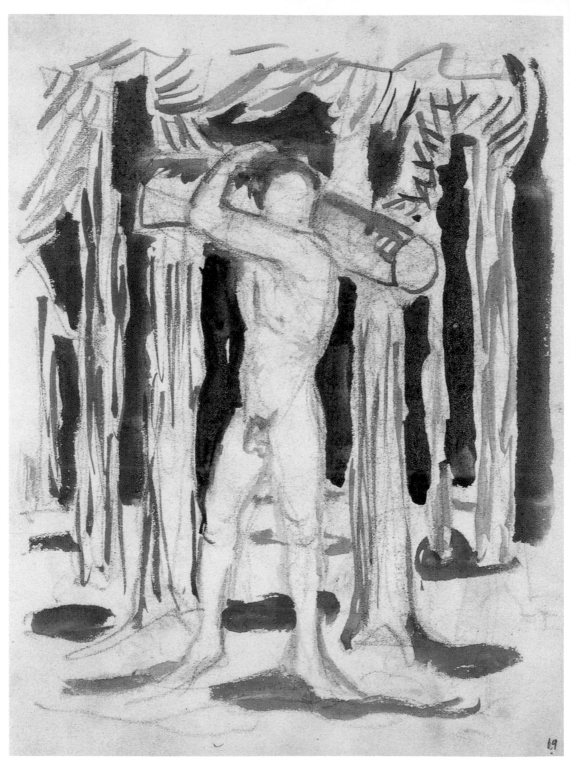

馬爾克　**扛木材的男子**　1911　淡彩鉛筆　21.7×17cm　慕尼黑連巴赫市立畫廊藏

馬爾克　**扛木材的男子**　1911　油彩畫布　140.4×109.2cm　Gregory Callimanopulos收藏

馬爾克　**扛著羊的少年**　1911　油彩畫布　88×83.8cm　紐約古根漢美術館藏

馬爾克　**白狗（在世界前的狗）**　1912　油彩畫布　111×83cm　瑞士私人收藏

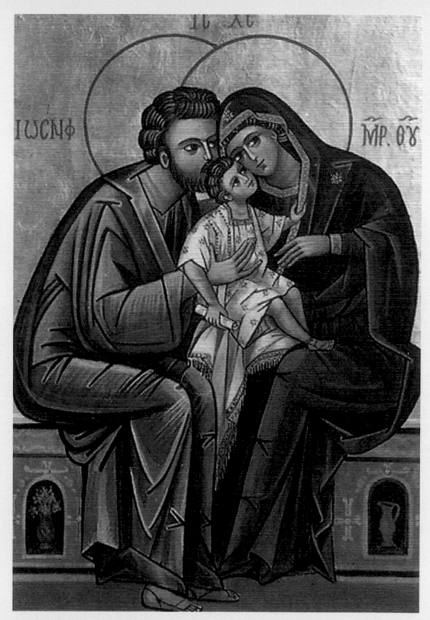

拜占庭風格的「聖家庭肖像」。

馬爾克　**森林中的鹿群Ⅱ**　1914　油彩畫布　110×100.5cm
德國卡斯魯赫國立美術館藏（右頁圖）

畫面的構圖類似拜占庭風格「聖家庭肖像」（見上圖）的構圖邏輯，
畫作蒙著一股宗教氛圍。

馬爾克　**藍馬習作（後方視角所見的站立馬匹）**　1910-11　鉛筆　15.8×10cm　私人收藏

122

馬爾克　**藍色的馬Ⅱ**　1911　油彩畫布　113×86cm
瑞士伯爾尼美術館－奧特馬胡貝爾基金會藏（Stiftung Othmar Huber, Berne）

124

別赫列夫　**亞馬遜之戰**　1909　油彩畫布　慕尼黑現代美術館藏

馬爾克　**山景中的馬匹**　1911　鉛筆　17×10.2cm　德國斯圖加特國家畫廊藏（左頁圖）

馬爾克鮮少在創作大型油畫前預先繪製精確的草稿，由這兩幅素描：〈**藍馬習作**〉及〈**山景中的馬匹**〉，可見馬爾克對這兩幅畫的重視。除了這兩件習作之外，另外在精準度及完整度唯一能夠匹配的素描即為1911所畫的〈**公牛**〉（圖見94頁）。

馬爾克　**瀑布**　1912　油彩畫布　165×158cm　Robert Gore Rifkind收藏

馬爾克廣泛地閱讀藝術史，追求一種德意志精神式的、「唯心主義」的畫作，在〈瀑布〉這幅作品中，除了能看見塞尚及高更的影響，右手邊的三人群像似乎也效仿了德國傳統繪畫大師老盧卡斯（Lucas Cranach the Elder）的作品〈**真善美三女神**〉（右頁下圖）。

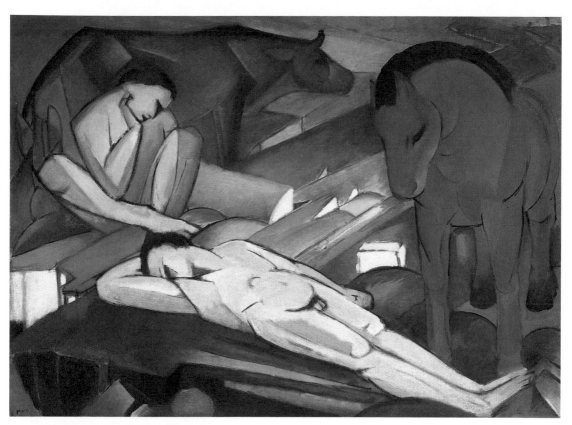

馬爾克　**牧羊人C**　1911-12　油彩畫布　100×135cm　慕尼黑現代美術館藏

老盧卡斯　**真善美三女神**　1531
美國納爾遜藝術館藏

馬爾克　**夢境**　1912　油彩畫布　100.5×135.5cm
西班牙馬德里泰森‧波涅米薩博物館藏（Museo Thyssen-Bornemisza）

馬爾克　**夢境**（局部）　1912（右頁圖）

馬爾克　**女孩與貓**Ⅱ　1912　油彩畫布　71.5×66.5cm　私人收藏

馬爾克　**女子與貓**　1910　蛋彩鉛筆　40.5×29.5cm　德國魯爾河畔米爾海姆美術館藏

馬爾克　**紅貓白貓**　1912　油彩畫布　52×35cm　漢堡Dr Rainer Horstmann收藏

馬爾克　**母豬與小豬**　1912　油彩畫布　58.5×84cm　Ulmberg基金會收藏

馬爾克
**三動物（狗、狐狸、貓）**
1912
油彩畫布　80×105cm
德國曼海姆（Mannheim）
城市美術館藏

馬爾克 **紅色的鹿II** 1912 油彩畫布 70×100cm 慕尼黑現代美術館藏

馬爾克　**休憩的馬**　1911　蛋彩紙板　41.5×53.2cm　私人收藏

馬爾克　**吃草的馬I**　1910　蛋彩　23.5×36.5cm　私人收藏

馬爾克　**吃草的馬**　1910　蛋彩畫紙　61.5×82cm　比利時列日市（la Ville de Liège）現代與當代美術館藏

馬爾克　**四浴女**　1910　鉛筆　9.8×15cm　慕尼黑連巴赫市立畫廊藏

馬爾克　**裸體騎士及彎腰的年輕人景觀習作**　1910-11　鉛筆炭筆　17×21.7cm
慕尼黑連巴赫市立畫廊藏

馬爾克　三圖騰（小馬、蟾蜍、阿拉伯式花紋）　1911
鋼筆墨水鉛筆
13.4×20.1cm
弗朗茲・馬爾克美術館藏

# 創立「藍騎士」

　　1911年六月，康丁斯基寫了一封信給馬爾克，提議合作一本集結國內外藝術、文學、音樂家文章的刊物，希望呈現最新的藝術發展。馬爾克十分熱衷於這項計畫，並在接下來的兩個月裡，兩人為《藍騎士年鑑》埋首工作。馬爾克最大的貢獻除了提供兩篇文章之外，也包括說服林哈德・派柏負責出版，以及取得收藏家克勒資金上的協助。

　　馬爾克寫了三篇短文：《精神的寶藏》、《兩張畫》及《德國的「野獸派」》。在最後提及的文章中，馬爾克將三個藝術團體比為德國的「野獸派」──它們分別是1905年成立的「橋派」、柏林的「新分離派」以及慕尼黑的「新藝術家協會」。

　　在文章中，馬爾克相信一種傳統的神祕元素引領著現代新藝術的發展，而這篇文章似乎也解釋了馬爾克與康丁斯基離開「新

藝術家協會」時，心中理想的藝術創作形態。

「慕尼黑新藝術家協會」分裂成激進與中庸兩派，源於兩方對於團體展的看法多有歧見。康丁斯基則是在十二月二日的討論會中，因為團體決定不選他大型抽象作品〈構成V〉展出，憤而與女友嘉柏里麗·蒙特及馬爾克離席抗議。馬爾克與康丁斯基規畫自己的展覽，定名為「第一屆藍騎士編輯成員展」從十二月十八日至一月一日在唐霍瑟藝廊展出

馬爾克
**圖騰（扭曲的馬）**
1911　鋼筆墨水鉛筆
20.1×13.5cm
弗朗茲·馬爾克美術館藏

這場傳奇性的展覽，參與者包括：布洛克（Albert Bloch）、布留克兄弟（David and Valdimir Burliuk）、坎本唐克（Heinrich Campendonk）、德洛涅（Robert Delaunay）、艾普斯坦（Elizabeth Epstein）、卡勒（Eugen von Kahler）、康丁斯基、麥克、慕特、尼索、苟白克，以及前年剛去逝的亨利·盧梭（Henri Rousseau）的作品。而《藍騎士年鑑》直到隔年1912年五月才正式出版。

第一屆的「藍騎士」展覽開幕後，馬爾克便前往柏林和瑪利亞一家共度聖誕節。在那他和「橋派」的藝術家，包括：凱爾希納（Ernst Ludwig Kirchner）、黑克爾（Erich Heckel）、派奇斯坦（Max Pechstein）、諾爾德、塔波特（Georg Tappert）、莫格納（Wilhelm Morgner）等人會面。馬爾克邀了許多「橋派」的畫作在1912年二月的「藍騎士」展覽展出。

馬爾克　**兩隻馬**
1911-12
蛋彩水彩版畫印刷
14.3×20.9cm
私人收藏

馬爾克　**兩隻馬**
1911-12
墨水水彩版畫印刷
14.3×21cm
德國漢堡美術館藏

馬爾克　**嬉戲的馬群**　1912　木刻版畫
13.2×9cm　慕尼黑連巴赫市立畫廊藏

馬爾克　**萬物的故事**Ⅰ　1914　木刻版畫　23.8×20cm
慕尼黑國立圖書館藏

馬爾克　**睡眠中的牧羊女**
1912　木刻版畫
19.8×24.1cm
慕尼黑連巴赫市立畫廊藏

馬爾克　**老虎**　1912
木刻版畫　20×24cm

馬爾克　**和解**　1912
木刻版畫　20×25.8cm
拉斯科舒勒的同名詩集所作
的插畫

146

「藍騎士」畫派成立後，馬爾克便擔任起了巡迴展出的策畫人，也協助「科隆1912年國際藝術大展」及「第一屆德國秋季沙龍展」的參展計畫。除此之外，馬爾克在1913年春季，也籌畫出版由「藍騎士」藝術家繪製插畫的《聖經》，其中邀請了康丁斯基、庫賓、黑克爾、科克西卡、保羅‧克利等人參與，自己則是選了「創世紀」為主題。隔年，他已完成了多幅草稿及彩色木刻版畫，包括〈馬匹的誕生〉。

馬爾克的版畫風格特殊，以帶有強勁力道的線條，構成動物的形態，藉由塊面的交織推移，似乎能激起觀者一種深層的心靈悸動。在〈馬匹的誕生〉這幅畫中，彩色的線條及放射狀的光芒拼湊出類似馬

馬爾克　**狐狸**　1913
油彩畫布　87×65cm
德國杜塞道夫美術館藏

的形態。但這些線條所形成的塊面或許也可以被解讀為石頭、植物或是其他動物。在馬爾克的畫布上它們成為一個不可分割的「集合」。

隨著視線在畫布上游移，自由的解讀空間也隨之被打開，我們了解到這些形體的存在性是由光芒的線條所交織而成的，在靈魂的韻律之下，特定的造形在腦海中成形，又隨即在刺眼紛亂的光芒之中消散。

# 1912～1914年：成熟的動物畫作

馬爾克成功地在1912至14年間融入「立體派」及「未來主義」的想法，像是〈老虎〉、〈在修道院花園的鹿〉、〈狐狸〉、〈群鳥〉等作品皆成功地運用「立體派」多面的色塊，揉合了動物及環境、有機及非有機等元素，像是透過一顆剔透的水晶看著世界，呈現出新的整體感。

馬爾克　**馬匹的誕生**
1913　21.5×14.5cm
洛杉磯郡立美術館藏
（左頁圖）

馬爾克初次接觸畢卡索及勃拉克的作品是在1910年的「第二屆慕尼黑新藝術家協會展」上，這也影響了他在《藍騎士年鑑》的編寫中特別注意了這股潮流。在參加「科隆1912年國際藝術大展」時，畢卡索的畫作又再次喚起馬爾克對「立體派」的興趣，〈老虎〉這幅作品即充分地展現了「德國表現主義」以及「立體

馬爾克　**老虎**
1912　油彩畫布
115×101.5cm
慕尼黑連巴赫市立畫廊藏

馬爾克
**在修道院花園的鹿**
1912　油彩畫布
75.7×101cm
慕尼黑連巴赫市立畫廊藏

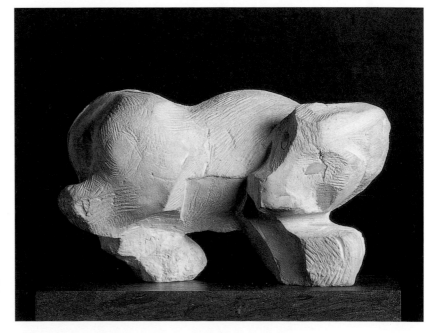

馬爾克　**幻獸客邁拉**
1914　石灰石、赭黃色石
19.8×10×12cm
慕尼黑連巴赫市立畫廊藏

馬爾克 **群鳥** 1914 油彩畫布 109.5×100cm 德國慕尼黑巴伐利亞國立美術館藏

馬爾克
**躺著的公牛**,〈**有牛
的畫**〉的習作 1913
蛋彩 40×46cm
德國埃森福克旺博物
館藏

派」聯姻的創新成果。

　　1912年上,馬爾克也開始注意「未來主義」的動向。一方面因為前衛的《飆派》畫廊在1912年為這群義大利的畫家舉辦了特展,另一方面則是密集地在十月的「科隆國際藝術大展」看到了更多「未來主義」的新作,為此他還興奮地寫信給康丁斯基,讚揚了卡拉(Carlo Carrà)、包曲尼(Umberto Boccioni)和塞凡里尼(Gino Severini)等未來主義的畫家。

　　在同一時期,德洛涅的作品也深刻地影響了馬爾克。馬爾克和麥克在九月於巴黎旅遊一周,參觀了德洛涅的工作室,他們兩人對於德洛涅「窗戶」系列的新作印象深刻。德洛涅的「奧菲主

馬爾克　**遊戲的形狀**　1914　油彩畫布　56.5×170cm
德國奧斯特豪斯博物館藏（Karl Ernst Osthaus-Museum der Stadt Hagen）

馬爾克　**有牛的畫**　1913　油彩畫布　92×130.8cm　慕尼黑現代美術館藏

義」採用全然抽象的色塊構圖，使層層堆疊的畫面充滿韻律及活潑的氣氛，這樣的畫法在馬爾克的作品上留下痕跡。甚至到1914年，馬爾克的大幅作品〈遊戲的形狀〉也可以看出和德洛涅〈城市之窗〉類似的構圖法則，唯一不同的是，馬爾克的作品中隱隱約約能看出動物、植物的形象。

從1914年第一次世界大戰爆發後，馬爾克便停止了油畫創作，自願從軍。在兩年的軍旅時期，他仍不斷地寫作、閱讀。

馬爾克　**動物的命運（樹輪脈絡與動物血管的呈現）**　1913　油彩畫布　196×266cm
瑞士巴塞爾美術館藏（右頁為局部圖）

馬爾克　**馬廄**　1913　油彩畫布　73.5×157.5cm　紐約古根漢美術館藏

《百句靜思語》，這是他在不同的防空洞及戰壕中寫下的短句；他也在小素描本上繪畫，所完成的三十六幅作品後來也以《戰場素描本》為名出版。

　　1916年，德國的軍隊向法國瓦爾登（Verdun）開火已將近一年，但奪下凡爾登的任務並沒有德國想像的簡單。凡爾登戰役造成了德法雙方重大傷亡，死傷超過七十萬人。三月四日，馬爾克在偵查行動中意外在教堂內被彈殼碎片擊中，傷勢過重身亡，享年三十六歲。《戰場素描本》和《百句靜思語》並列為馬爾克在戰爭期間留下來的重要遺作。

　　馬爾克的畫最令後人讚頌的特質，是他如何將無邪的動物與自然的元素融合，看起來既有宇宙飄渺，也有貼近自然的感覺——總是呈現出動物們最優雅的一面，用了近似「星球的弧

馬爾克　**雨中**
1912　油彩畫布
81×105.5cm
慕尼黑連巴赫市立畫廊藏

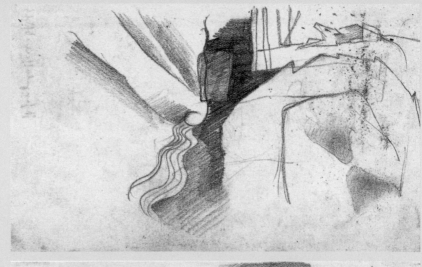

馬爾克
**《戰場素描本》頁一**
1915　鉛筆素描
9.8×16cm
慕尼黑國立圖書館藏

馬爾克
**《戰場素描本》頁四**
1915　鉛筆素描
9.8×16cm
慕尼黑國立圖書館藏

馬爾克
**《戰場素描本》頁五**
1915　鉛筆素描
9.8×16cm
慕尼黑國立圖書館藏

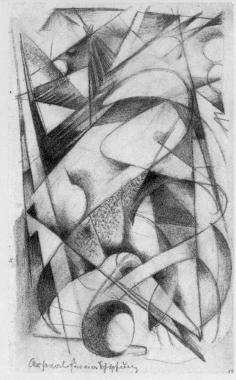

馬爾克
**《戰場素描本》**
頁九　1915
鉛筆素描
16×9.8cm
慕尼黑國立圖書
館藏（左上圖）

馬爾克
**《戰場素描本》**
頁十二　1915
鉛筆素描
16×9.8cm
慕尼黑國立圖書
館藏（右上圖）

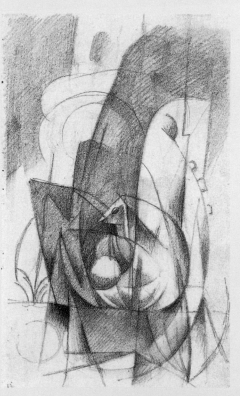

馬爾克
**《戰場素描本》**
頁十五　1915
鉛筆素描
16×9.8cm
慕尼黑國立圖書
館藏（左下圖）

馬爾克
**《戰場素描本》**
頁二十　1915
鉛筆素描
16×9.8cm
慕尼黑國立圖書
館藏（右下圖）

馬爾克
**《戰場素描本》**頁八
1915　鉛筆素描
9.8×16cm
慕尼黑國立圖書館藏

馬爾克
**《戰場素描本》**頁十三
1915　鉛筆素描
9.8×16cm
慕尼黑國立圖書館藏

馬爾克
**《戰場素描本》**頁十四
1915　鉛筆素描
9.8×16cm
慕尼黑國立圖書館藏

馬爾克　《**戰場素描本**》頁二十一　1915　鉛筆素描
16×9.8cm　慕尼黑國立圖書館藏

馬爾克　《**戰場素描本**》頁三十　1915　鉛筆素描
16×9.8cm　慕尼黑國立圖書館藏

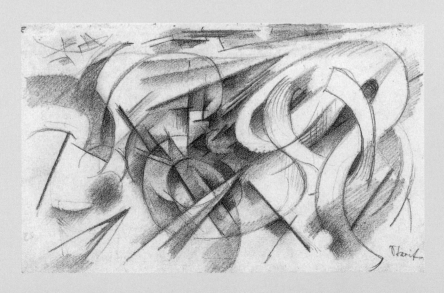

馬爾克
《**戰場素描本**》頁十六
1915　鉛筆素描
9.8×16cm
慕尼黑國立圖書館藏

馬爾克
**《戰場素描本》**頁三十二
1915　鉛筆素描
9.8×16cm
慕尼黑國立圖書館藏

線」，刻畫出牠們獨特的表情及活潑的靈魂。

　　在馬爾克的作品中，「心中所感受的」與「個體」交互呈現在客觀的環境之中，雖然畫作看起來是客觀的，但是主觀的個人特色也同時存在，像是低著頭的動物們，就像馬爾克含蓄的個性，讓身在抽象環境中的動物保有了一致的本質及尊嚴。

　　馬爾克希望轉換看待世界的角度，呈現大自然本身的觀點，就像是由動物的雙眼呈現牠們所見的世界。其中這句話最引人深思，他道：「在動物眼中自然是什麼樣子，對一位藝術家而言，有什麼想法比這更神祕呢？一匹馬或是一隻老鷹是如何看世界的？或是一隻鹿或狗，牠們眼中的世界是怎麼樣的？將動物擺在我們主觀認為的世界中是多麼地自我中心、缺少靈魂，何不以牠們的角度來看，從動物的靈魂出發，來猜測牠們所見的圖像。」

　　因此馬爾克善用立體派繪畫令人難以捉摸、創造性的一面，以及未來主義繪畫激起的動態感，來完成呈現「動物的感受」的畫作，這是他的目標，以及前所未有的藝術想法。

　　1913年代起，馬爾克開始閱讀自然科學相關的研究，從他的文章可體會他對現代科技、機械、能量、電子光束、物理及動力學等科目的興趣。像是《百句靜思語》中的第四十七號寫道：「我們看透了物體，而我們能夠像是穿透空氣一樣地穿透物

馬爾克　**嬉戲的狗**　約1912　蛋彩紙板　38.1×54.6cm　哈佛大學布希雷辛格美術館藏

馬爾克　**景觀中的四隻鹿**
1911　鉛筆　16.9×17.2cm

馬爾克　**老虎**　1911　鋼筆墨水　9.8×17cm
德國呂貝克（Lübeck）藝術與文化博物館藏

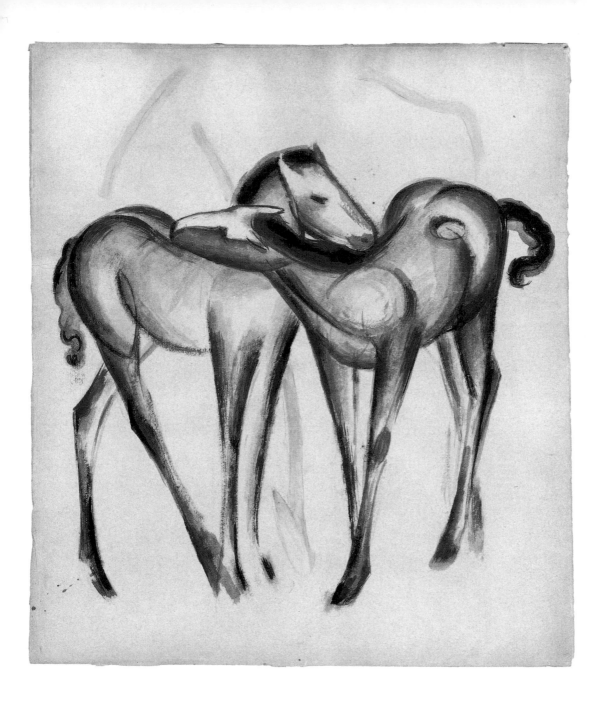

馬爾克　**兩匹藍色幼驢**
1911　水彩鉛筆
44.7×39.7cm
瑞士私人藏

體的那一日也不遠了。」提示了在馬爾克畫中，為何主體像是被
穿透一般，與背景融為一體，就像是雷射光束，或是其他物理定
律下產生的視覺狀態。

　　馬爾克的《百句靜思語》除了探討「唯心」論及「精神性」

之外，也討論了「科學的精確度」對文化造成的衝擊。他認為原先人類「看待世界」的方式，已經轉化為「經由這個世界去觀看」（Weltdurchschauung）。

　　「經由這個世界去觀看」所得到的結果便是去除了以人為中心的看法──以動物化的手法來呈現世界是可行的，完全地抹去「創作者」的痕跡也是可行的。

　　對馬爾克及康丁斯基等人而言，「唯心」藝術的終極目標是將自然的法則轉換為繪畫上的新符號及風格。馬爾克在《藍騎士年鑑》中所寫的「將代表該時代的符號創造出來、這個符號未

馬爾克　**鹿**　1913
鋼筆墨水　47×40cm
瑞士私人收藏

馬爾克　**幻妙的野獸（藍馬與紅狗）**　1913　水彩鉛筆　45.1×37cm　德國斯圖加特國家畫廊藏

馬爾克　**兩匹馬，紅與藍**　1912　水彩畫紙　44.5×38.1cm　美國羅德島設計學院美術館藏

馬爾克　**紅色與藍色的馬**　1912　蛋彩水彩鉛筆畫紙　37.7×45.7cm　慕尼黑連巴赫市立畫廊藏（左頁上圖）
馬爾克　**紫色的鹿**　1912　水彩鉛筆　11.6×15.5cm　私人收藏（左頁下圖）

馬爾克　**抽象構圖（織品設計）**　1912-13　水彩　10×16.9cm　慕尼黑連巴赫市立畫廊藏

馬爾克　**嬉戲的貓**　1912-13　蛋彩　39.5×45.7cm　德國哈根歐斯奧博物館

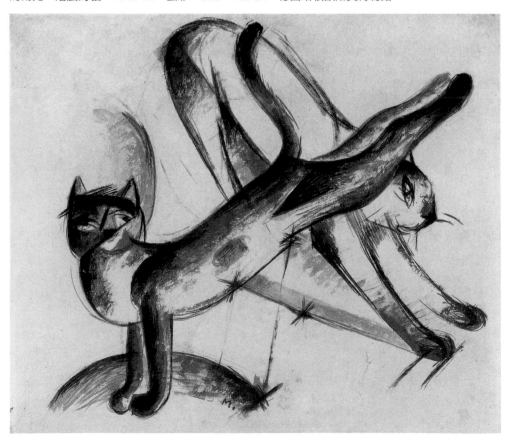

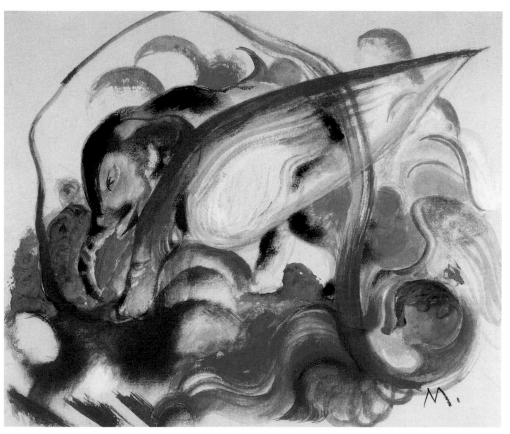

馬爾克　**幻妙的野獸（灰象）**　1912　水彩　41.1×46.3cm　紐約Albright-Knox畫廊
馬爾克　**休憩的羚羊**　1912　炭筆鉛筆水彩　10×17cm　私人收藏

馬爾克　**兩匹藍驢**　1912　水彩　34.5×27.7cm　英國萊斯特（Leicester）新沃克美術館藏

馬爾克　**鹿**　1912/13　鉛筆淡彩　45.4×37.7cm　德國魯爾河畔米爾海姆齊格勒（Ziegler）基金會收藏

馬爾克　**四狐狸**　1913　水彩藍粉彩筆　44.5×38.5cm　美國印第安納大學美術館藏

馬爾克　**鹿（紅鹿）**　1912-13　蛋彩　45.7×39.2cm　私人收藏

馬爾克 **幻妙的野獸** 1913 水彩畫紙紙板 45.8×38.1cm 美國密爾沃基（Milwaukee）美術館藏

馬爾克　**動物之眠**　1913　蛋彩紙板　43.8×38.7cm　私人收藏

馬爾克　**被獵的紅鹿**　1913　水彩蛋彩墨水　德國斯圖加特國家畫廊藏

馬爾克　**聖朱利安**　1913　水彩銅粉　46×40.2cm　紐約古根漢美術館藏

馬爾克　**變色龍**　1913　水彩墨水　16.2×25.6cm　漢諾威史賓格美術館藏

馬爾克　**藍馬與彩虹**　1913　水彩鉛筆　16.2×25.7cm　紐約現代美術館藏

馬爾克　**悲傷的馬**
1913　蛋彩
22×16.8cm
德國多明尼克收藏館
（Sammlung Domnick
Nürtingen）

馬爾克　**景觀中的藍鹿**
1913-14　水彩鉛筆
21.7×16.6cm
私人收藏

馬爾克 **紅牛** 1913 水彩 20.1×12.3cm 私人收藏

馬爾克　**休憩的土狼**　1913　水彩　20.1×12.4cm　德國斯圖加特國家畫廊藏

馬爾克　**山景中的兩隻牛**　1913　水彩鉛筆鋼筆
20×12.5cm　Robert and Mary Looker收藏

馬爾克　**兩匹藍馬**　1913　水彩墨水　20×13.3cm
紐約古根漢美術館藏

馬爾克　**二野兔**
1913　水彩鉛筆
13.4×20.1cm
德國漢堡銅雕刻博物館藏
（Kupferstichkabinett）

馬爾克　**睡夢中的馬**　1913　水彩畫紙　39.4×46.3cm　紐約古根漢美術館藏

馬爾克　**藍色小羊**
1913　蛋彩
40.5×46.5cm
柏林私人收藏

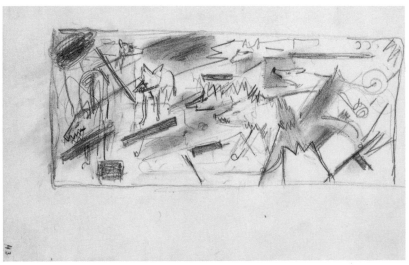

馬爾克　**狼群**　1913
鉛筆　12.5×20cm
慕尼黑連巴赫市立畫
廊藏

馬爾克
**幻妙的野獸I（動物構圖I）**
1913　蛋彩
25.4×31.6cm
德意志銀行集團收藏

馬爾克　**樹下的豬群**
1913-14　淡彩墨水
16.6×22.1cm
紐倫堡日耳曼民族博物
館藏

馬爾克 **抽象構成** 1913-14 淡彩銀色畫紙 15.5×25.5cm 私人收藏

馬爾克
**景觀中的馬與
尖銳的造形**
1913 水彩
20.1×12.6cm
漢諾威史賓格美術
館藏（左下圖）

馬爾克
**布雷納路**
（Brennerstrasse）
素描 1913
鉛筆水彩
20×12.3cm
慕尼黑Stangl畫廊藏
（右下圖）

馬爾克　**休憩的馬群**　1913　水彩　12.5×20cm　私人收藏

馬爾克　**景觀與黑馬**　1913　水彩　35.1×45.5cm　德國烏爾姆博物館藏（Ulmer Museum）

馬爾克　**山魈**　1913　水彩鉛筆　22×16.7cm　慕尼黑連巴赫市立畫廊藏

馬爾克　**最早的動物們 I**
1913　蛋彩畫紙
25.4×31.6cm
私人收藏

馬爾克　**抽象水彩 I**
1913-14　水彩鉛筆
16.5×22cm
日內瓦Jan Krugier畫廊

來將會成為精神宗教聖壇上祭祀的禮物、符號背後的技術也無法
看出傳統手法的傳承」，也完全忠於「抹去創作者的痕跡」的想
法。

　　但馬爾克並沒有在這些抽象的作品中消失，相反的，他死
後幾乎被塑造成一個傳奇人物，幾乎沒有其他二十世紀的畫像他
的作品一樣受到狂熱的喜愛。在戰場中喪生對他的傳奇性有不可
抹滅的貢獻。但這仍無法解釋，不僅是表現主義的相關人物——
從「飆派」畫廊的經營者瓦爾登，到猶太詩人拉斯科舒勒，以及
康丁斯基等人為馬爾克寫的訃聞——到任何一位德國藝術評論家
文章中，對馬爾克所持有的移情作用，甚至用像是宗教崇仰般的

馬爾克
**引水槽前的馬匹**
1913-14　蛋彩
39.7×45.5cm
德國卡斯魯赫國立美術
館藏

190

馬爾克　**多彩花朵（抽象造形）**　1913-14　蛋彩畫紙　加州聖地牙哥美術館藏

馬爾克
**抽象構成**
（**馬與抽象造形**）
1914　鉛筆墨水
22×17cm
德國呂策博物館
（Lütze-Museum）

語氣來形容馬爾克。

　　或許是因為馬爾克的藝術保有一種「開放性」，以至於讓畫作的表現性歷久彌新，讓他的畫作如此具有感染力。

# 馬爾克《藍騎士年鑑》文章摘錄

## I《精神的寶藏》

　　奇怪的是，人們看待精神上的寶藏，和看待物質上的寶藏時竟如此地不同。

　　譬如說，一個人為他的國家佔領了新的殖民地，舉國上下皆為他歡喜，並且一點兒也不吝、一天也不遲地馬上掌控了這個殖民地。科技上的創新也受到同樣的歡迎。

　　另一方面，如果誰想賜給他的國家一個純粹、全新的精神寶藏，總會是被憤怒激昂地拒絕；他的禮物挑起了疑惑，而人們總是嘗試眼不見為淨、耳不聽為寧。在某些情況下，甚至是在今日的社會，贈予寶物的人會因此而被燒死。

　　這不是一個很殘酷的事實嗎？

　　近期的一件時事，導致我們寫下了這樣的前言。

　　藝評家邁耶格拉斐（Meier-Graefe）擔起任務，呈現給他的國民創新的想法——那便是偉大的繪畫巨匠葛雷柯（El Greco）。一般大眾，甚至是藝術家們從未聽過他，可是反應不但漠不關心，反而是充滿敵意、憤怒地攻擊。這個簡單且令人尊敬的事蹟卻讓他無法在德國立足了。

　　希望將精神寶藏贈予給同時代的人恐怕是很難的。

第二位偉大的贈予者在德國也沒有受到善意的對待——裘帝（Hugo von Tschudi）這位有智慧的人將豐沛的文化財寶及繪畫呈現給柏林。結果：他被當政者給放逐（譯註：裘帝原是柏林國家畫廊的負責人），沒有人想要他的禮物。他到了慕尼黑。在那情況仍一樣——沒有人想要他的禮物。人們看待慕尼黑古代美術館（Alte Pinakothek）裡的尼姆斯收藏只像是一場時裝表演。當這批具爭議性的展品走了，他們也不會被迫留下一小部分時，他們會鬆了一口氣。但一幅魯本斯或拉斐爾的畫作又是另一回事了，沒錯，因為人們認為它對物質的國民資產有直接的強化作用。

這樣的憂心反應在「藍騎士」的記事之中，因為它是大環境問題的徵兆。這種大眾漠不關心、對於新的精神寶藏的忽視態度，或許也會導致「藍騎士」的死亡。

馬爾克
**兩隻貓，藍與黃**
1912　油彩畫布
74×98cm
比利時布魯塞爾美術館藏

馬爾克　**阿爾卑斯山景觀（稻草堆）**
1912　油彩畫布
110×80.5cm
Marianne Langen收藏
（右頁圖）

馬爾克　**小猴子**　1912　油彩畫布　70.4×100cm　慕尼黑連巴赫市立畫廊藏（右頁為局部圖）

馬爾克　**羊**　1912　油彩畫布　50×70.2cm　德國薩爾布魯肯市州立博物館（Saarland Museum, Saarbrucken）

馬爾克　**藍色幼驢**
1912　油彩畫布
76×90cm
瑞士私人收藏

　　我們能清楚地看見眼前的難題。我們的禮物，會在憤怒與謾罵的攻擊之下被拒絕：「為什麼要新的繪畫和新的想法？它有價值能讓我們買想要的東西嗎？教育及流行已經將太多舊的、我們不喜歡的想法，半哄半騙地強加在我們身上。」

　　我們最後或許會安然無事。其他人可能不想要，但他們最終仍必須承認。因為我確信咱們的想法並不是用卡片堆疊起來的房子，而是蘊含了一個全世界都能感受到震撼的藝術運動的一部分。

　　我們希望強調葛雷柯的例子，因為稱頌這位偉大的巨匠和當代新藝術的發展有著密切的關係。塞尚和葛雷柯可以算是精神上的兄弟，雖然他們兩人活在相隔好幾世紀的時空裡。但因為邁耶格拉斐和裘帝，葛雷柯的古典神祕主義成功地被呈現在「現代藝術之父」——塞尚的面前。今日他們的作品都代表了一個新繪畫時代的起點。在生活概念之中，他們都察覺到了神祕的內在構成，而這也是我們的世代所面臨到的巨大課題。

馬爾克　**藍色幼驢**
1913　油彩畫布
55.7×38.5cm
德國艾姆登美術館藏
（Kunsthalle Emden）
（右頁圖）

馬爾克　**母驢與幼驢**　1912　油彩畫布　76×90cm　瑞士私人收藏

馬爾克　**嬉戲的貓**　1913　油彩畫布　44.5×66.5cm　德國斯圖加特國家畫廊藏

馬爾克　**礅道（山／景）**　1911-12　油彩畫布　130×100.5cm　舊金山現代美術館藏

馬爾克　**三隻貓**　1913　油彩畫布　72×102cm
德國杜塞道夫美術館藏（Kunstsammlung Nordrhein-Westfalen, Düsseldorf）

馬爾克　**狼群（巴爾幹之戰）**　1913　油彩畫布　70.8×139.7cm　紐約Albright-Knox畫廊

馬爾克　**森林中的鹿I**　1913　油彩畫布　100.9×104.7cm　華盛頓菲利浦收藏

馬爾克　**冬季野牛（紅色野牛）**　1913　油彩畫布　66.5×71cm　瑞士巴塞爾美術館藏

馬爾克　**山魈（原生於西非的大狒狒）**　1913　油彩畫布　91×131cm　慕尼黑現代美術館藏

馬爾克　**世界之牛**　1913　油彩畫布　70.5×141cm　紐約現代美術館藏

馬爾克　**瘦長的黃馬**　1913　油彩畫紙　60×80cm　紐約長島沙角保護區納索郡博物館部收藏

馬爾克　**三隻馬Ⅱ**　1913　油彩畫布　59×80.5cm　柏林私人收藏

馬爾克　**野豬**　1913　油彩紙板　73×57.5cm　德國科隆華拉夫理查茲博物館藏（Wallraf Richartz Museum）

208

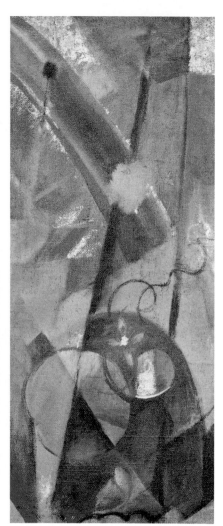

馬爾克　**似景觀及動物特徵的爐欄三聯作**　1913
　　左：**有彩虹的山景**　油彩麻布　116×50cm　瑞士楚格藝術之家藏（Kunsthaus Zug）
　　中：**動物臉孔**　油彩麻布　116.5×32cm　德國魯爾河畔米爾海姆美術館藏
　　右：**彩虹景觀**　油彩麻布　111.2×46.5cm
　　　　德國奧提伯格博物館藏（Städtisches Museum Abteiberg Mönchengladbach）

馬爾克　**蹬羚群**　1913　蛋彩畫　55.5×71cm　私人收藏（左頁上圖）
馬爾克　**有牛的小型作品**　1913　油彩紙板　29.5×51cm　科隆路德維格美術館藏（左頁下圖）

馬爾克　**小構圖I**　1913　油彩畫布　46.5×41.5cm　瑞士私人收藏


馬爾克　**幻妙的野獸II（馬）**　1913　蛋彩紙板　26.5×30.5cm　私人收藏（左頁上圖）
馬爾克　**羊**　1914　油彩畫布　54.5×77cm
荷蘭鹿特丹布尼根博物館藏（Museum Boijmans Van Beuningen, Rotterdam）（左頁下圖）

畢卡索的繪畫，就如在這裡所呈現的，屬於這一系列的新想法，我們大部分的繪畫也是。

新的想法很難讓人了解，只因為一般人對他們並不熟悉。這個句子需要被重複多少次才至少能讓一百個人中，有一人能從中得出簡單的結論？

我們不會因為重述而感到疲累，表達新的想法及呈現新的繪畫直到我們終於能被廣泛地了解的那一天，我們為此努力不懈，毫不怠慢。

在得知裘帝的死訊之前，我們便寫下了這些句子。

因此我們決定將這本書獻給裘帝，以表示對他無止盡的思念及崇仰，他給予我們的協助不曾中斷過，甚至在他死前的幾天仍作承諾。

馬爾克　**小構圖Ⅲ**
1913/4　油彩畫布
46.5×58cm
德國哈根歐斯奧博物館
（Karl Ernst Osthaus
Museum, Hagen）

馬爾克　**小構圖Ⅱ（房子與樹）**　1914
油彩畫布　59.5×46cm
漢諾威史賓格美術館藏
（右頁圖）

馬爾克　**提洛爾**　1914　油彩畫布　135.7×144.5cm　慕尼黑現代美術館藏

馬爾克　**動物景觀（有公牛的畫Ⅱ）**　1914　油彩畫布　125.4×99.3cm　美國底特律藝術協會藏

馬爾克　**有房屋與兩隻牛的景觀**　1914　油彩畫布　66×71cm　瑞士私人收藏

馬爾克　**破碎的形狀**　1914　油彩畫布　112×84.5cm　紐約古根漢美術館（右頁圖）

馬爾克
**好鬥的形狀（抽象造形Ⅰ）**
1914　油彩畫布
91×131cm
慕尼黑現代美術館藏

　　以燃燒的靈魂，我們希望持續這個巨大的任務，不會辜負他的期望，帶領國民享有藝術的泉源，儘管我們的資源不多，但我們堅持直到另一個像裘帝的人會出現，他擁有神祕力量，能平息那些無禮、喧嚷的反對者、榮耀這些已逝英豪——以及他們自由的靈魂及卓越的功績！

　　沒有人經歷了像裘帝一樣的痛楚，甚至是在他死後。要將精神的寶藏呈現給一般的人是如此困難的事啊，但他們如要驅除裘帝所培植的靈魂，將會更加困難。

　　精神能攻破防衛的堡壘。

## II 德國的「野獸派」

　　新藝術在這個時代存活需要極力奮鬥，我們或許被認為是對抗傳統體制的「野獸」。這場戰爭看似不公平，但精神的強度從

馬爾克　**抽象造形 II**
1914　油彩畫布
81×112.5cm
德國明斯特藝術與文化
歷史國家博物館藏

不能以數量來計算，而是取決於想法的力量。

　　「野獸派」最令人恐懼的武器是他們的新想法。這些想法比鋼鐵來得更強而有力，能夠粉碎那些曾被認為不可挑戰的事物。

　　在德國的境內，誰是「野獸派」呢？

　　大部分的人都知道他們，但對他們抱持懷疑的態度：德勒斯登的「橋派」、柏林的「新分離派」，以及慕尼黑的「新藝術家協會」。

　　三者中歷史最久遠者是「橋派」。他們發起時對於創作、展覽、團體經營制度無不精心規畫，但德勒斯登的土壤太過貧瘠，無法讓其創新想法適切發展。時機或許也尚未成熟，讓他們無法在德國造成更大的影響。須要過了幾年之後，另外兩個團體才相繼發起展覽，才把新的、危險的生命力帶回這個國家。

　　「新分離派」的組成，部分是由原本「橋派」成員的號召。這事實上是因為舊的「分離派」成員不滿於原先的團體，認為進

馬爾克
**藍騎士與他的馬** 1912
墨水　15.4×11.4cm
德國慕尼黑巴伐利亞
（Bayerische Staatsgemä-
ldesammlungen）國立美
術館藏

展太過於緩慢，「新分離派」便大膽地躍過了舊「分離派」躲著
的那堵黑牆，即刻間他們來到這耀眼、一望無際的藝術與自由之
前。他們沒有計畫，也不自我限制；他們只想不計代價地相信自
己淨化的力量，像是一條承載萬物的河流，帶著各種可能或不可
能。

　　缺少歷史觀點讓我們無法試圖在此去分辨什麼是崇高的，什
麼是脆弱的。任何我們所作的批評或許都微不足道，並且會使我

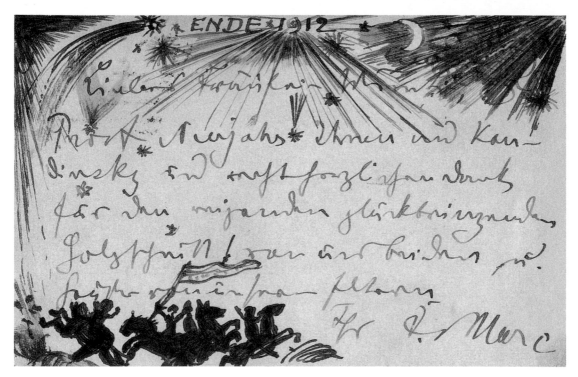

馬爾克　**新年賀卡**　1912

馬爾克　**約瑟夫國王宮殿中的舞者**　1913

馬爾克　**紅山腳下的泉水**　1913

馬爾克　**藍馬之塔**　1912/13（左頁左上圖）
馬爾克　**約瑟夫國王的三隻豹**（左頁右上圖）
馬爾克　**艾畢吉國王的寵物馬** 1913（左頁左下圖）
馬爾克　**四隻狐狸**　1913（左頁右下圖）

馬爾克　**猴群**
1913（右頁圖）

馬爾克　**兩隻動物**
1913（左上圖）

馬爾克
**有紅色動物的景觀**
1913（左中圖）

馬爾克　**斜躺的紅牛**
1913（左下圖）

馬爾克　**紅與藍馬**　1913

馬爾克　**Altar Lamb from Lana**　1913

馬爾克　**紅馬藍馬及景觀**　1913

馬爾克　**朱紅色的問候**　1913

馬爾克　**兩隻羊**　1913

馬爾克 **大象** 1913 水墨水彩 13.9×9.1cm　馬爾克 **野山羊** 1913

馬爾克 **紅馬與黃牛** 1913　　馬爾克 **紅岩前的兩匹藍馬** 1913

馬爾克　**野山羊** 1913

們手無寸鐵、愧於這個藝術運動的自由性，但我們在慕尼黑以千個歡呼迎接這個藝術運動的到來。

慕尼黑「新藝術家協會」的起源比較模糊、複雜。

在慕尼黑，第一及唯一一組認真地將新的概念呈現出來的代表，是在這住了很久的兩位俄羅斯人，他們靜靜地創作直到一些德國人加入了他們。在協會成立之後，一些美麗、奇怪的展覽也隨之而生，並且招來評論家們的反彈。

「協會」藝術家們的特色是他們對綱領的強調。藝術家彼此學習、相互競爭，比較誰能最深刻地理解新的想法。或許現在已常聽到「綜合」這個字，這或許這也能用來形容這個團體的性質。

參與他們展覽的年輕法國藝術家及那些俄羅斯人，後來證實帶動一股解放的力量。他們刺激了思考，然後人們了解，藝術和一些深切的議題是不可分割的，而革新不只是在形式上，而是一種思想的重生。

神祕主義在他們的靈魂中被喚起，伴隨著而來的是最古老的藝術元素。

這些「野獸派」近期的作品無法被解釋為一種延續「印象

馬爾克 **里德城堡**
1914 水彩
11.5×17.7cm

派」的正式發展，或是對於它的一種新解釋。最美麗多彩的顏色以及最熱門的立體派現在對於這些「野獸派」的目標而言都不具意義。

　　他們有一個不同的想法及焦點：那便是，在自己的作品中將代表該時代的符號創造出來、這個符號未來將會成為精神宗教聖壇上祭祀的禮物、符號背後的技術也無法看出傳統手法的傳承。

　　嘲笑及愚昧的行為，將會成為他們前進道路上鋪呈的玫瑰花朵。

　　不是所有德國內外的「野獸派」畫家，都夢想著去實踐這樣的藝術，或是有這些崇高的目標。

　　只能對他們說好自為之了。因為無論他們有立體派或什麼樣其他的綱領，在輕易地成功之後，他們會因為自己的缺乏內涵而被消滅。

　　但是我們相信——至少我希望我們有理由這樣相信——除了這一些「野獸派」團體站在前線，另外在德國仍有許多力量，正在為這些崇高、遙遠的目標奮鬥著，不被這場戰役中的人們所知道，但想法靜靜地趨於成熟中。

　　我們在這裡，為那些不為人知，在黑暗中奮鬥的人，願伸出援手，提供我們的一臂之力。

# 馬爾克年譜

馬爾克的簽名式

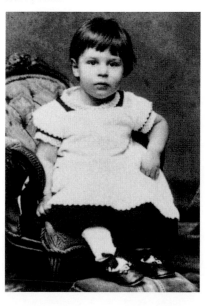

兩歲的馬爾克，1882年
攝於慕尼黑。

**1880**　二月八日，弗朗茲‧莫提斯‧威廉漢‧馬爾克（Franz Mortiz Wilhelm Marc）於德國慕尼黑出生。他的祖父是位律師，在德國的巴伐利亞區政府管理財經方面的議題，所以他的父親威廉漢‧馬爾克當初也在家庭的要求下讀了法律，後來才轉往慕尼黑藝術學院習畫，成為一位畫家。馬爾克的曾祖父原本信猶太教，大約在1800年間改變信仰成為基督徒。

馬爾克的母親蘇菲‧慕芮斯（Sophie Maurice）年輕時在瑞士的法語區長大，家族篤信喀爾文教義（清教），她也曾在巴塞爾的教會學校寄宿就讀。她與馬爾克的父親於1877年在慕尼黑結婚，同年年底他們的第一個兒子保羅出生，馬爾克與哥哥相差三歲。他們兩人雖然都受過基督教的浸禮，但實際上奉行的是清教提倡的喀爾文教義。在1895年，原來信奉天主教的父親也改信了清教。

在弗朗茲‧馬爾克出生的時候，他們一家人住在席勒街（Schillerstrasse）18號，不久後搬遷至史瓦勒街

馬爾克十三歲時，
1893年攝於慕尼黑。
（左圖）

馬爾克準備上中學了，
約1894年攝於慕尼黑。
（右圖）

（Schwanthalerstrasse）55號，兩處皆為慕尼黑的主要
幹道，位於火車站附近。

| 1884 | 四歲。馬爾克在夏天和父母親來到了位於慕尼黑南方、位於巴伐利亞區和阿爾卑斯山腳下的科河恩西，後續在他的童年及青少年時期幾乎每年夏天都回到這裡度假。 |

1884　四歲。馬爾克在夏天和父母親來到了位於慕尼黑南
　　　　方、位於巴伐利亞區和阿爾卑斯山腳下的科河恩西，
　　　　後續在他的童年及青少年時期幾乎每年夏天都回到這
　　　　裡度假。

1891　十一歲。進入慕尼黑中學就讀。

1894　十四歲。馬爾克透過堅信禮，和牧師施利爾研習兩年
　　　　教義之後，視他為精神導師，即使牧師被調往其他教
　　　　區，馬爾克仍然與其保持密切聯絡。兩人到1900年左
　　　　右皆有通信記錄。

1895　十五歲。夏天，馬爾克一家人搬至慕尼黑郊區的宅
　　　　邸。

1897　十七歲。馬爾克在信中提到未來希望成為神職人員，
　　　　並於夏天前往德國中部的施內市（Schney）拜訪牧師
　　　　施利爾，證實了他的想法。

| 1898 | 十八歲。馬爾克對於未來的職業選擇仍搖擺不定，三月二十五日，寫給牧師的信中提到希望成為畫家。在年末，馬爾克又寫信說道，他希望成為一名哲學家，或中學的教師，這樣的改變或許是因為他的哥哥保羅開始在慕尼黑大學研究拜占庭及東方、印度學的緣故。 |
|---|---|
| 1899 | 十九歲。馬爾克在夏天通過了畢業考試，而後註冊了慕尼黑大學的哲學系，但在正式入學之前，他決定先在軍中服役一年，於是便被派往了奧格斯堡（Augsburg）。 |
| 1900 | 二十歲。夏天，仍在軍中服役的他改變主意，在一封寫給牧師的信中表示他的志向，決心成為一名畫家。他在十月進入慕尼黑藝術學院就讀，第一學年在哈科爾的指導下對解剖學有了紮實的基礎。 |
| 1901 | 二十一歲。前往阿爾卑斯山過暑假，回到童年拜訪過的科河恩西，也獨自一人前往山中的斯達夫倫小村（Staffelalm），和當地的酪農場工人約翰·慕勒成為好友。<br><br>十月初陪同他的哥哥保羅前往翡冷翠進修，途中經過了義大利的威尼斯、帕多瓦、維羅納等處遊玩，在月底回到了慕尼黑開始第二學年的課程，成為威廉·迪茨的學生。 |
| 1902 | 二十二歲。再次於暑假期間前往阿爾卑斯山中的斯達夫倫。一位家境富有的同學費德利克·路荷（Friedrich Lauer）邀請馬爾克陪同前往巴黎，他決定暫緩第三學年的註冊手續。 |
| 1903 | 二十三歲。馬爾克與路荷於五月出發前往巴黎，到達巴黎時先是住在歌劇院旁的飯店，後來和寡婦迪畢尼夫人（Veuve Debenne）租了一間公寓。原本兩人只打 |

馬爾克的父母及哥哥，前排左至右：威廉漢、蘇菲、立於後者：保羅。約1901至12年間攝於慕尼黑帕星區的老家。

1903年至法國旅行時的
馬爾克。

算在巴黎待上幾個星期，但最終他們住了好幾個月。
馬爾克用法文撰寫日記，顯現出在母親的教導下，他
能說一口流利的法文。

七月，他們前往羅瓦河谷（Loire Valley），後轉往布
列塔尼及諾曼地等區域，行經的村莊及景點包括了坎
佩爾（Quimper）、坎尼斯（Carnac）、聖馬洛（St.
Malo）、聖米歇爾山、迪納爾（Dinard）等地。馬爾
克開始和房東迪畢尼夫人的女兒瑪莉通信，到1904年
之前，都有信件的往來。

九月回到了巴黎，一個禮拜後開始了返回慕尼黑的旅
程，途中經過布魯塞爾及科隆。馬爾克決定放棄藝術
學院的課程，自己獨立生活。

1904　　　二十四歲。年初，馬爾克搬出父母親的家，在施瓦賓
地區（Schwabing，現為藝術區）租了一間公寓。他
與已婚、育有二子的畫家安妮特展開一段戀情。安妮
特長他九歲，是慕尼黑大學教授的妻子。馬爾克與安
妮特為日本、中國、阿拉伯等地的詩歌創作了許多插

馬爾克的情人安妮特全家肖像。安妮特的丈夫是一位梵文的教授，有兩個女兒。

馬爾克從斯達夫倫寄給母親的明信片。（右上圖）

畫，畫作趨近於「新藝術」的風格，但馬爾克對自己的畫作不甚滿意。

初夏，他們倆人一同到奧地利提洛爾（Tyrol）的拉迪斯（Ladis）村莊，之後返回阿爾卑斯山裡的斯達夫倫小村，認識了瑞士動物畫家瓊布洛‧尼索。尼索是第一位馬爾克終生保持友好關係的藝術家。

因為財務上的困難，馬爾克在安妮特的引介下開始從事骨董買賣的工作，專門經營日本版畫及舊書的交易，這份工作提供他穩定的收入一直到1908年。

1905　二十五歲。在新年舞會上認識了柏林來的美術系學生，瑪利亞‧法蘭克，雖然當時兩人尚未產生好感，但她後來成為他的第二任妻子。馬爾克同年認識了在慕尼黑女性藝術家學會教畫的妙麗。妙麗認識許多在慕尼黑已奠定名聲的藝術家，以及《青年雜誌》的發行人，馬爾克和妙麗成為好友後，很快也和這個圈子熱絡起來。

六月，回到阿爾卑斯山裡的斯達夫倫小村度假。

秋季，到慕尼黑附近的城鎮達郝（Dachau）旅行，認識另一位德國表現主義畫家阿道夫·霍爾茨爾（Adolf Hölzel），他是「新達郝畫家協會」的發起人，也是戶外寫生的愛好者。

馬爾克和安妮特分手，陷入了低潮。

年末，馬爾克碰巧於一場許多藝術家參與的舞會中再次遇見瑪利亞，開始對彼此有了好感。

1906 　二十六歲。二月至三月間，瑪利亞與馬爾克兩度共遊阿爾卑斯山腳的科河恩西，分別畫了一些素描及油畫。三月底，他陪同哥哥保羅到希臘的聖山阿索斯做拜占庭手稿研究，在三個禮拜的旅程中他們拜訪了許多修道院，四月底他經由義大利回到慕尼黑。

五月初開始的夏季，馬爾克移居至科河恩西，並留在那工作直到十月底。他在那和另一名打造馬車的師傅分租了一間公寓。不久後，瑪利亞便前往拜訪。但在六月馬爾克也邀請了妙麗，並和她產生了曖昧的情愫，成了複雜的三角關係。

和友人、動物畫家尼索爬山的時候，馬爾克發現一個湖邊的小村莊，這裡未來會成為尼索最喜愛的寫生地點。但是，在此次的路徑中他們並沒有發現畜牧小村——辛德斯朵夫，未來馬爾克育成新畫風的靈感之地。

十月底，馬爾克回到慕尼黑探視重病的父親，並留下了一幅素描。馬爾克決心以繪畫維生。

十一月，他寫信告訴瑪利亞，為了幫助妙麗獲得子女的監護權，他決定和妙麗結婚。

1907 　二十七歲。一月，馬爾克和妙麗一起到慕尼黑北方的印德斯多夫（Idersdorf），在夏季也重返此地作畫。

236

馬爾克於阿爾卑斯山腳的蘆薈樹叢中。

三月二十七日，在父母親以及畫家友人尼索的見證下，馬爾克與妙麗於慕尼黑結婚。同一天傍晚，他搭火車隻身前往巴黎，並在那待了好幾個星期，他特別參觀了當時舉辦的梵谷與高更大展，並興奮地寫信給瑪利亞——描述他的所見所聞。

五月，在經濟壓力下他不得不從事繪畫教學的工作，在妙麗的協助之下，他開始每個禮拜在慕尼黑女性藝術家學會教授一次動物解剖學的課程。五月二十六日，馬爾克的父親過世。

六月底，他搬移至同樣位於施瓦賓地區的另一棟建築。在搬到辛德斯朵夫之前，他一直都居住在此。他和前女友安妮特恢復友好關係，安妮特也為他介紹了一些小型的委託案。

七月，馬爾克與妙麗在辛德斯多夫住了兩個月，一幅油畫描繪出他們居住的旅館向外看的修道院景象。在這段期間，馬爾克仍和瑪利亞保持密切的聯繫，信件內容大部分都和繪畫有關。

九月初，馬爾克和妙麗前往波羅的海兩星期，與妙麗的母親及姊妹同住。後來他們順道前往柏林，這是馬爾克第一次到德國首都，在短短幾天內，他在柏林動物園畫了許多素描，也對腓特烈大帝博物館（Kaiser Friedrich Museum）中的古埃及部門印象深刻。

1908 　二十八歲。馬爾克和妙麗的關係逐漸疏離，和瑪利亞的聯絡反而更加頻繁。為了免於城市裡的流言蜚語，兩人便在夏天借住於科河恩西附近的務農人家中，正是馬爾克年輕時所認識的酪農場工人約翰，此時在這個阿爾卑斯山山腳的聚落工作。

七月八日，妙麗與馬爾克離了婚，並讓馬爾克和瑪利亞在德國的法律下多年都無法結婚。

馬爾克與瑪利亞於慕尼黑南方的
倫格里斯。

馬爾克、瑪利亞及一位畫室學生坐在馬
爾克的動物解剖習作下方。1908年攝於
慕尼黑。

秋末，兩人回到了慕尼黑，經濟壓力的重擔又回到了
馬爾克的身上。他試著在自己的畫室中開班教授動物
解剖學，雖然在藝術學院以及友人的幫助宣傳下，仍
然只招收到了幾個學生。

1909　　二十九歲。馬爾克在年初為夏季旅行規畫，在友人的
推薦之下，於五月與十月間前往辛德斯朵夫度假。他
們和當地的木工師傅租借短期的住所，在停留的這五
個月期間，畫家尼索因為居住在鄰近的村莊，所以常
登門拜訪。

秋天，畫家弗里茨‧奧斯瓦德引介馬爾克在約瑟夫‧
巴克的畫廊中賣畫。巴克畫廊答應舉辦一次馬爾克的
個展。

十二月，馬爾克接觸了在唐霍瑟畫廊舉辦的「慕尼黑
新藝術家協會」首次展覽。這個協會在一月的時候成
立，成員包括了康丁斯基等人。馬爾克對這些藝術家

收藏家柏哈德·克勒、以及奧古斯特·麥克夫婦。1908年攝於柏林。

出版人林哈德·派柏與寵物，約1910年攝。

的作品印象深刻，並認同他們所追求的藝術方向，但他並沒有主動聯絡這個團體。

協助巴克畫廊懸掛梵谷展的七十件作品，馬爾克在去年也曾看過許多梵谷的作品，讓他開始實驗巴黎的印象派畫風。

1910　三十歲。一月六日，奧古斯特·麥克拜訪了馬爾克，這是他們第一次會面。麥克當時正和新婚的妻子度蜜月，暫居慕尼黑南部的泰根塞（Tegernsee）。他們和親戚海慕特（Helmuth Macke，一位年輕的畫家）以及一位富有的柏林製造商之子小克勒四人同遊慕尼黑，在巴克畫廊中見到馬爾克的石版畫。麥克非常喜歡這些作品，便和其他三人親自拜訪了馬爾克在施瓦賓區的工作室。這次的臨時會面開啟了麥克與馬爾克之間珍貴的友誼，自此他們彼此交換對於藝術及創作的想法，馬爾克也終於不用在藝術的領域中獨自奮鬥。小克勒在畫廊中買了兩幅馬爾克的作品，並且囑咐畫商將馬爾克後續的創作寄給在柏林的父親。

左起三人分別是：瑪利亞、馬爾克、收藏家柏哈德·克勒；前者座者為康丁斯基。

二月，馬爾克的初次個展。巴克畫廊展出了三十一件畫作、版畫及粉彩作品。幾天後，小克勒的父親柏哈德·克勒到了慕尼黑，親自拜訪馬爾克的工作室，協助他懸掛展品，並且又買了多幅畫作。

四月，馬爾克決定搬離施瓦賓區的工作室，並將所有的家當移往辛德斯朵夫。在瑪利亞的陪同下，他們再次和木工師傅租借了同一處住所，並擴建為起居及工作室。

四月底，馬爾克受到激勵，前往柏林參觀「新分離主義」的展覽，並且參觀了柏哈德·克勒的藝術收藏。

七月，柏哈德·克勒答應馬爾克，將會在未來每個月支付兩百德元的酬勞，換取他認為等值的畫作。這個

瑪利亞、馬爾克及他們的狗，1911
年於辛德斯朵夫拍攝。背景是他們
和木匠師傅所租借的住所。

馬爾克夫婦及年輕的畫家海慕特，
他也是麥克的親戚。

協議對馬爾克而言是很大的幫助，讓他能專心的創作。柏哈德‧克勒將來也會成為「藍騎士」的重要資助者。

九月上旬，「慕尼黑新藝術家協會」展開了第二次展覽，地點同樣是在唐霍瑟畫廊，除了康丁斯基等人的作品之外，還包括了俄羅斯及德國藝術家參展，讓展覽更加地國際化。

但這場展出所得到的媒體評論卻是負面的，因此使馬爾克決定站在「藝術家協會」的這一方，寫肯定展覽的文章。他把文章交付給剛認識不久的出版商萊林哈德‧派柏（Reinhard Piper），讓他轉交給唐霍瑟畫廊的負責人以及「慕尼黑新藝術家協會」的成員。在經過馬爾克的同意後，「慕尼黑新藝術家協會」將文章出版成冊，在後續的巡迴展覽中發放。

十月底，馬爾克與「慕尼黑新藝術家協會」的成員會面，但他尚未見到正在俄羅斯旅行兩個月的康丁斯基。

年底，麥克的親戚海慕特搬至辛德斯朵夫與馬爾克同住，原本預計只住三個月，後來待了將近一年（直到1911年八月）。馬爾克尚未取得與瑪利亞再婚的權利，因此瑪利亞的父母親要求她搬回柏林三個月。

1911　三十一歲。馬爾克和海慕特到慕尼黑跨年，一月一日，在亞連斯基的家中，馬爾克與康丁斯基正式會面，兩人氣味相投，無話不談。隔天一行人前往聆聽作曲家荀白克（Arnold Schoenberg）的演奏會，激起了熱烈的討論。一月底，收藏家克勒來到辛德斯多夫

241

拜訪，對於馬爾克畫作的進展感到十分滿意。

二月四日，「慕尼黑新藝術家協會」的俄伯斯羅（Erbslöh）、亞連斯基、馮·威若肯前往辛德斯朵夫拜訪馬爾克，首次見到他的作品，並賦予極高的評價。隔日，他們以電報通知馬爾克，被推選為團體第三位副主席的消息。

四月一日，瑪利亞從柏林回到馬爾克身邊，兩人立即安排到慕尼黑拜訪康丁斯基以及亞連斯基，同月月底康丁斯基也到了辛德斯朵夫拜訪馬爾克。五月，馬爾克與瑪利亞再次前往康丁斯基的家中拜訪。隨著兩人會面次數愈加頻繁，他們計畫反駁保守派畫家卡爾·文森（Carl Vinnen）的文章《德國藝術家的抗議》，這篇文章反對德國美術館提倡法國藝術，並請同樣意見的評論家、策展人、收藏家為他背書。馬爾克建議前衛派的藝術家提出制衡的觀點，同年林哈德·派柏出版了《回應德國藝術家的抗議》，其中包括了馬爾克、康丁斯基等人的文章。

五月，馬爾克在慕尼黑舉辦第二次展覽，地點在唐霍瑟畫廊。展覽包括了馬爾克二十四幅近期作品，以及法國畫家皮爾·吉勞（Pierre Girieud）的畫作。吉勞在前年加入了「慕尼黑新藝術家協會」，是團體中的第一位法國成員。

六月，馬爾克與瑪利亞前往倫敦三個禮拜，希望能跳脫德國的法律順利結婚。雖然計畫沒有成功，但兩人並沒有讓親戚及友人知道。在回程時，馬爾克夫妻在奧古斯特·麥克的波昂家中住了兩個禮拜。

六月十九日，康丁斯基寫信給在倫敦的馬爾克，告訴他撰寫一個藝術「年鑑」的計畫，發表當時的新思潮及藝術圈紀事。

馬爾克與康丁斯基討論
《藍騎士年鑑》的封面
版畫，1911至1912年
攝。

九月起，馬爾克和康丁斯基花了整個冬天的時間準備
《藍騎士年鑑》。十月，麥克夫婦前往辛德斯朵夫拜
訪馬爾克。十月二十四至二十五日，康丁斯基家中正
熱烈地討論《藍騎士年曆》時，馬爾克與麥克等人並
無參與。

萊茵蘭的畫家坎本唐克（Heinrich Campendonk），
是麥克的學生，搬至辛德斯朵夫離馬爾克家不遠的住
所，他的女友不久也前來同住。與馬爾克成為好友多
年的尼索與女友也搬至辛德斯朵夫居住。

「慕尼黑新藝術家協會」分裂成激進與中庸兩派，在
十二月的團體展前紛爭不斷。康丁斯基則是在十二月
二日的討論會中，因為團體決定不選他的一幅作品展

出，憤而與女友嘉柏里麗‧蒙特及馬爾克離席抗議。當這件消息以電報方式傳到奧地利畫家庫賓（Alfred Kubin）手中，他也決定站在康丁斯基這一邊，加入新的團隊。馬爾克與康丁斯基立刻開始規畫自己的展覽，定名為「第一屆藍騎士編輯成員展」從十二月十八日至一月一日在唐霍瑟藝廊展出，與第三屆「慕尼黑新藝術家協會」展同時進行。馬爾克展出七件作品，包括〈黃色的牛〉、〈藍色的馬〉以及兩幅玻璃畫作。

年末，馬爾克夫婦前往柏林拜訪家人，在那與「橋派」的畫家，包括凱爾希納（Ernst Ludwig Kirchner）、黑克爾（Erich Heckel）、派奇斯坦（Max Pechstein）、諾爾德、塔波特（Georg Tappert）、莫格納（Wilhelm Morgner）等人見面。

1912　三十二歲。馬爾克選出多幅「橋派」的紙上畫作參與第二次「藍騎士」展出。這場展覽只展出了和圖像設計相關的作品。

二月十二日至三月十八日，新開幕的漢格茲畫廊（Galerie Hans Goltz）舉辦了第二屆「藍騎士：黑與白」聯展，展覽中有藍騎士、保羅‧克利及「橋派」畫家、瑞士現代主義、俄羅斯及法國前衛派的作品共三百幅。

五月，《藍騎士年鑑》出版。

五月二十五至九月三十日：科隆舉辦大型國際藝術展，這個展覽是未來著名的紐約軍火庫藝術博覽會效仿的範本，也是第一次世界大戰前，歐洲前衛藝術的最重要指標。除了塞尚、梵谷、高更等人之外，也包括新興的法國立體派、德國表現主義藝術參展。

但在最後篩選作品的關卡前，「藍騎士」與科隆國際

馬爾克與妻子瑪利亞，
1911至12年間攝。

藝術展的主辦人發生衝突，在奧古斯特·麥克的調解
之下，只有部分「藍騎士」的作品被接受展出，其中
包括五幅馬爾克的作品（有三件是馬爾克不願展出的
舊作）。

六月至七月：不滿展品被篩選，馬爾克與康丁斯基規
畫了「被科隆國際藝術展拒絕的畫作展」，展出的場
地為《飆派》月刊創始人瓦爾登（Herwarth Walden）
在柏林的藝廊空間。尚未脫離「慕尼黑新藝術家協
會」的畫家亞連斯基和馮·威若肯也展出了他們的作
品。

九月中旬，馬爾克第三次的個展在法蘭克福舉行，馬
爾克夫婦前往參加。之後前往波昂拜訪麥克夫婦，以
及在「科隆國際藝術展」結束前前往參觀，馬爾克對
畢卡索以及立體派的藝術家感到印象深刻。

離開波昂後，他們和麥克一起到巴黎一周，參觀了
佛庫尼耶（Henri Le Fauconnier）和德洛涅（Robert
Delaunay）的工作室。馬爾克及麥克兩人對於德洛涅

「窗戶」系列的新作印象深刻，德洛涅採用全然抽象的色塊重疊構圖，使畫面充滿韻律及活潑的氣氛。

回到波昂後，馬爾克與麥克一同協助瓦爾登布展，在科隆的畫廊中懸掛義大利「未來主義」的畫作。這個展覽已經在柏林「飆派」藝廊展出過，所以馬爾克已經在五月間看過展覽目錄，他對於「未來主義」和「奧菲主義」同樣抱持著極大的熱情。在麥克的波昂家中居住了將近兩個禮拜，馬爾克在麥克的工作室中共同創作了大型壁畫〈天堂〉。

十一月，馬爾克再次於慕尼黑的唐霍瑟畫廊參觀「未來主義」的畫展，另外也參觀了諾爾德、史密德（Paul Ferdinand Schmidt）的展覽。

在聖誕節期間，馬爾克夫婦走訪柏林，和《飆派》月刊的作家們熟識，也正式地與艾絲・拉斯科舒勒（Else Lasker-Schüler）會面，她是瓦爾登的前妻，離婚後活躍於柏林藝文界，且和「藍騎士」的成員多有往來。他們從秋天就開始通信，這次的會面確立他們成為彼此的藝術盟友。

1913　三十三歲。一月，馬爾克夫婦邀請拉斯科舒勒與他們一起回辛德斯朵夫，換換環境，但她待了不久後又回到慕尼黑，馬爾克因此介紹她給康丁斯基及嘉柏里麗・蒙特認識。

一月十七日，馬爾克舉辦了第四次的個展，名為「收藏II」，展出地點在慕尼黑「唐霍瑟」畫廊。這場展覽後，也到了耶拿（Jena）以及柏林「飆派」畫廊巡迴。

三月十九日，在馬爾克的主導之下，Max Dietzel的藝術沙龍舉辦了一場畫作拍賣會，所得將捐給拉斯科舒勒。馬爾克也為此創作了〈夢境〉。

馬爾克與麥克　**天堂**
1912　油彩石膏
400×200cm
德國敏斯特藝術文化史
博物館（Westfälisches
Landesmuseum für Kunst
und Kulturgeschichte）

春季，馬爾克計畫讓「藍騎士」畫家為聖經作插畫，並在接下來的幾個月內寫了無數的書信給康丁斯基、保羅‧克利、黑克爾、科克西卡（Kokoschka）及庫賓，請他們自選題目創作。馬爾克所選的是《創世紀》的章節，並以此創作了多幅木刻版畫。

三月底，馬爾克夫婦前往奧地利提洛爾南方村莊，到當地療養院探望瑪利亞生病的父親。他們順道遊覽了鄰近的古城，並且參觀了中古世紀的教堂，這些視覺印象以及南提洛爾陡峭的山巒在馬爾克心中留下深刻印象，這也顯現在他後續的作品中，例如〈令人著迷的水車〉、〈三匹馬I〉、〈貧瘠之地提洛爾〉。

四月，開始準備柏林瓦爾登畫廊的「第一屆德國秋季沙龍展」，馬爾克寄了一長串的推薦畫家名單給奧古斯特‧麥克。兩人密切合作篩選出最適合的藝術家及作品參展。

六月三日，馬爾克夫婦在慕尼黑公證結婚，在多年的努力下終於正式獲得法律許可。同時間友人尼索以及坎本唐克也在辛德斯朵夫結婚。

七月，在康丁斯基的引介下，荷蘭的收藏家威廉‧比菲（Willem Beffie）前往辛德斯朵夫拜訪，並和馬爾克買了三件大幅作品：〈世界之牛〉、〈瘠之地提洛爾〉及〈瘦長黃馬〉。同年夏天，芝加哥律師亞瑟‧傑若米‧艾迪（Arthur Jerome Eddy）買下了〈令人著迷的水車〉，這是第一位資助馬爾克的美國收藏家。從1911年起，馬爾克開始能將畫作推銷給柏哈德‧克勒以外的收藏家，特別是在萊茵蘭他更經營了一群擁護者。

八月，馬爾克夫婦到瑪利亞的哥哥家拜訪，並在東普魯士（現今約立陶宛及波蘭交界處）待了將近一個

馬爾克
**令人著迷的水車**
1913　油彩畫布
130.6×90.8cm
芝加哥藝術協會藏
（右頁圖）

馬爾克與瑪利亞的哥哥
一起騎馬，1913年夏季
攝於東普魯士。

馬爾克夫婦1914年於里
德村（Ried）所買下的
莊園。（右上圖）

馬爾克　三匹馬 I
1912　複合媒材
37.2×51.8cm
私人收藏（左頁上圖）

馬爾克
**貧瘠之地提洛爾**
1913　油彩畫布
131.5×200cm
紐約古根漢美術館藏
（左頁下圖）

1914

月。馬爾克得到了一隻溫馴的鹿，並將牠送回辛德斯
朵夫。

九月初，馬爾克夫婦前往柏林協助麥克及瓦爾登，為
「第一屆德國秋季沙龍展」做最後的篩選與布展懸掛
工作。收藏家柏哈德·克勒有時也會前來幫忙。經由
奧地利藝術家庫賓的引介，馬爾克也邀請了呂歐內·
法寧格（Lyonel Feininger）參加，讓他首次有機會接
觸前衛藝術圈。

九月十九至十二月一日：馬爾克參與「第一屆德國秋
季沙龍展」的開幕，其他參與的藝術家包括了德洛涅
夫婦、夏卡爾（Marc Chagall）。展覽包括十二個不同
國家的七十五位藝術家，超過三百五十件作品。馬爾
克展出了七件作品，包括〈藍馬之塔〉、〈動物的命
運〉、〈提洛爾〉及〈狼群（巴爾幹之戰）〉。

聖誕節：馬爾克夫婦在柏林度過節慶，瑪利亞的父親
剛過世，因此他們將瑪利亞的母親接回辛德斯多夫共
住幾周。

三十四歲。新年，馬爾克夫婦決定在科河恩西與辛德
斯朵夫之間另覓住所，最後決定在高地本篤會修道院
（Benediktbeuern）旁的里德村（Ried）買下一個莊

園。莊園的主人希望搬至慕尼黑居住，馬爾克正好也繼承了慕尼黑帕星區（Pasing）的祖產，因此和家人溝通後，決定用公寓交換這個莊園。瑪利亞的母親出了一些錢，讓他們能在莊園旁擴建工作室，以及飼養鹿的小窩。

第一屆「藍騎士」展仍在巡回中，這年瓦爾登安排在瑞典的斯德哥爾摩、哥德堡（Gothenburg）、芬蘭的赫爾辛基、挪威的特隆赫姆（Trondheim）等地展出「藍騎士」的作品。

二月，馬爾克仍為出版「藍騎士」插畫版《聖經》而努力，並且為第二本《藍騎士年鑑》的出版計畫起草前言，但康丁斯基對後者似乎並不熱衷。

春季，馬爾克和戲曲家雨果・包爾（Hugo Ball）組成團隊，包爾希望復甦慕尼黑的藝術劇場，計畫出版一本關於《表現主義劇場》的書籍，馬爾克答應為其寫一篇文章，但這篇文章只有片段存留下來。馬爾克也為莎士比亞《暴風雨》舞台劇設計了人物服裝。

因為第一次大戰的緣故，《聖經》插畫、「藍騎士」第二本年鑑及舞台劇等計畫，都未能夠如期進行。

四月二十五日，馬爾克夫婦從辛德斯朵夫搬至里德村居住。首先前來新居拜訪的包括了馬爾克的哥哥一家人，以及保羅・克利夫婦與他們的兒子菲力克斯。

七月底，經過多年的間歇，馬爾克終於重遊阿爾卑斯山內的斯達夫倫小村，這也是他最後一次造訪此地。

八月一日，第一次世界大戰開始。

馬爾克　卡利班，莎士比亞劇本《暴風雨》人物素描　1914
水彩粉彩　46×39.7cm
瑞士巴塞爾美術館藏

馬爾克與瑪利亞，在1915
年前往軍隊前拍攝。

八月六日，馬爾克自願從軍，於慕尼黑的馬克斯二號
兵營報到，被分配至野戰炮兵團，在幾個星期內他的
軍階便從下士晉升為軍士。

八月三十日，馬爾克的軍隊前往法國邊界，途中經歷
南錫、埃皮納勒（Epinal）戰役，死傷慘重，因此在
孚日（Vosges）山巒休息了一陣子。

九月底，馬爾克在魯爾區（Ruhr Area）受傷，在野戰
醫院住了十四天，寫下第一篇「戰場記事」，同年底
於《沃西斯切報》出版，題目更改為《戰爭煉獄》。

九月二十六日，奧古斯特・麥克在法國北方陣亡，當
初軍方公布的資料為「失蹤」。十月二十五日，馬爾
克接獲消息後感到悲痛萬分，為他的摯友寫了訃聞。

年末，馬爾克寫了另外兩篇「戰場記事」——《歐洲

1915年馬爾克的軍隊在
法國駐軍時留影。馬爾
克為中間者。

的祕密》與《The High Type》。馬爾克與軍隊在十二月行經米盧斯（Mulhouse），他被任命為炮軍部隊的派遣騎手。

1915　　三十五歲。一月十日，在一封寫給瑪利亞的信中，馬爾克提到了《百句靜思語》，這是他在不同的防空洞及戰壕中寫下的短句。他很快地也開始在小素描本上繪畫。截至三月復活節時，他已經完成了三十六幅作品，這些畫作未來會以《戰場素描本》為名出版，也是馬爾克最後的藝術創作，和《百句靜思語》並列為馬爾克在戰爭期間留下來的重要遺作。

春季，馬爾克將《歐洲的祕密》寄給位於慕尼黑的畫家友人布洛赫（Albert Bloch），布洛赫計畫將這篇文章翻譯成英文投稿至美國報紙，但六月底文章翻譯完後卻沒有出版社願意刊登。

七月七日，馬爾克有七天的休假時間，他到慕尼黑拜訪朋友保羅·克利、布洛赫、詩人沃爾夫凱爾（Karl Wolfskehl）等人。

馬爾克在軍隊同袍的注視下被葬在位於法國境內的公園中。（左圖）

馬爾克與瑪利亞在科河恩西的墓碑。（右圖）

十月初，馬爾克通過軍隊訓練課程，晉升為代理軍官，四周後再次晉升為中尉。

十一月中，馬爾克在兩周的休假期間內回到了里德，並致電給保羅·克利。這是兩人最後一次聯絡。十一月十八日，回到戰爭前線。

1916　三十六歲。二月二十五日，馬爾克的軍隊駐守凡爾登（Verdun）。德國的軍隊從二月二十一日便開始對法國瓦爾登開火，但奪下凡爾登的任務並沒有德國想像的簡單，凡爾登戰役持續了將近一年，造成了德法雙方重大傷亡，死傷超過七十萬人。

在此地馬爾克寄了幾封明信片給妻子瑪利亞。瑪利亞一月在柏林度過後，便前往波昂陪同麥克的妻子。

三月四日，馬爾克在偵查行動中意外在教堂中被彈殼碎片擊中，傷勢過重身亡。隔日馬爾克被葬於軍營內的公園中，在多位軍隊同袍的注視下舉行葬禮。

1917　瑪利亞將丈夫馬爾克的遺體移回家鄉科河恩西的墓園下葬。

國家圖書館出版品預行編目(CIP)資料

馬爾克：藍騎士代表畫家 / 何政廣主編；
吳礽喻編譯. -- 初版.
-- 臺北市：藝術家, 2011.07
　面；　公分. --（世界名畫家全集）

ISBN 978-986-282-027-8(平裝)

1.馬爾克(Marc, Franz, 1880-1916) 2.畫家
3.傳記 4.德國

940.9943　　　　　　　　　　100012431

世界名畫家全集
**藍騎士代表畫家**

# 馬爾克 Franz Marc

何政廣 / 主編　　吳礽喻 / 編譯

發行人　何政廣
主編　　何政廣
編輯　　王庭玫、謝汝萱
美編　　王孝嬡
出版者　藝術家出版社
　　　　台北市重慶南路一段147號6樓
　　　　TEL：（02）2371-9692～3
　　　　FAX：（02）2331-7096
　　　　郵政劃撥：01044798 藝術家雜誌社帳戶

總經銷　時報文化出版企業股份有限公司
　　　　新北市中和區連城路134巷16號
　　　　TEL：（02）2306-6842
南部區域代理　台南市西門路一段223巷10弄26號
　　　　TEL：（06）261-7268
　　　　FAX：（06）263-7698
製版印刷　新豪華彩色製版印刷股份有限公司
初版　　2011年7月
定價　　新臺幣480元

ISBN 978-986-282-027-8（平裝）